GRANDS TEXTES

sous la direction de Céline Thér...

Zadig
ou la Destinée

Voltaire

Notes, questionnaires et synthèses
adaptés par **François GARCEAU,**
professeur au Cégep régional de Lanaudière à Terrebonne

établis par **Isabelle de LISLE**
agrégée de Lettres modernes, docteure ès Lettres,
professeure en lycée

*Texte établi d'après l'édition originale de 1747
et celle des œuvres complètes de Voltaire de 1775
et, pour les deux chapitres complémentaires,
d'après l'édition posthume de 1785.*

Direction de l'édition
Isabelle Marquis

Direction de la production
Danielle Latendresse

Direction de la coordination
Rodolphe Courcy

Charge de projet
Sophie Lamontre

Révision linguistique
Nicole Lapierre-Vincent

Correction d'épreuves
Marie Théorêt

Conception et réalisation graphique
Interscript

Illustration de la couverture
Olivier Lasser

Les Éditions CEC inc. remercient le gouvernement du Québec de l'aide financière accordée à l'édition de cet ouvrage par l'entremise du Programme de crédit d'impôt pour l'édition de livres, administré par la SODEC.

Zadig ou la Destinée, collection *Grands Textes*
© 2009, Les Éditions CEC inc.
9001, boul. Louis-H.-La Fontaine
Anjou (Québec) H1J 2C5

Dépôt légal: 2009
Bibliothèque et Archives nationales du Québec
Bibliothèque et Archives Canada

ISBN 978-2-7617-2843-0

Imprimé au Canada
1 2 3 4 5   13 12 11 10 09

Imprimé sur papier contenant 100 %
de fibres recyclées postconsommation.

Édition originale Bibliolycée
© Hachette Livre, 2004, 43 quai de Grenelle, 75905 Paris Cedex 15, France.
Tous droits de traduction, de reproduction et d'adaptation réservés pour tous pays.

Dans la même collection

Tristan et Iseut

BAUDELAIRE
Les Fleurs du mal

HUGO
Les Misérables

MOLIÈRE
Dom Juan

RACINE
Phèdre

VOLTAIRE
Candide

Zadig ou la Destinée

Voltaire

Approbation[1]

J e soussigné, qui me suis fait passer pour savant, et même pour homme d'esprit, ai lu ce manuscrit que j'ai trouvé, malgré moi, curieux, amusant, moral, philosophique, digne de plaire à ceux mêmes qui haïssent les romans. Ainsi je l'ai décrié[2], et j'ai
5 assuré M. le cadilesquier[3] que c'est un ouvrage détestable.[4]

notes

1. Approbation : approbation royale, autorisation de la censure.
2. décrié : critiqué.
3. cadilesquier : en Turquie, ministre de la Justice.

4. Ce texte accompagne toutes les éditions du conte, sauf la première et la dernière.

Épître dédicatoire[1]

Épître dédicatoire de Zadig à la sultane Sheraa[2] par Sadi[3]

Le 18 du Mois de Schewal[4], l'An 837[5] de l'Hégire[6].

Charme des prunelles, tourment des cœurs, lumière de l'esprit, je ne baise point la poussière de vos pieds, parce que vous ne marchez guère, ou que vous marchez sur des tapis d'Iran ou sur des roses. Je vous offre la traduction d'un livre d'un ancien sage,
5 qui, ayant le bonheur de n'avoir rien à faire, eut celui de s'amuser à écrire l'histoire de Zadig : ouvrage qui dit plus qu'il ne semble dire. Je vous prie de le lire et d'en juger : car, quoique vous soyez dans le printemps de votre vie, quoique tous les plaisirs vous

notes

1. **Épître dédicatoire :** lettre placée en tête d'un livre et visant à le dédicacer.
2. **Sheraa :** nom arabe de l'étoile Sirius et proche de Shéhérazade, sultane des *Mille et une nuits*.
3. **Sadi :** poète persan du XIIIe siècle.
4. **Schewal :** 18e mois de l'année musulmane.
5. **837 :** 1459 de notre calendrier.
6. **Hégire :** point de départ du calendrier musulman, correspondant à la fuite de Mahomet de La Mecque en 622.

cherchent, quoique vous soyez belle, et que vos talents ajoutent
à votre beauté ; quoiqu'on vous loue du soir au matin, et que par
toutes ces raisons vous soyez en droit de n'avoir pas le sens
commun[1], cependant vous avez l'esprit très sage et le goût très
fin, et je vous ai entendue raisonner mieux que de vieux
derviches[2] à longue barbe et à bonnet pointu. Vous êtes discrète,
et vous n'êtes point défiante[3] ; vous êtes douce sans être faible ;
vous êtes bienfaisante avec discernement[4] ; vous aimez vos amis,
et vous ne vous faites point d'ennemis. Votre esprit n'emprunte
jamais ses agréments des traits de médisance ; vous ne dites de
mal, ni n'en faites, malgré la prodigieuse facilité que vous y
auriez. Enfin votre âme m'a toujours paru pure comme votre
beauté. Vous avez même un petit fonds de philosophie qui m'a
fait croire que vous prendriez plus de goût qu'une autre à cet
ouvrage d'un sage.

Il fut écrit d'abord en ancien chaldéen[5], que ni vous ni moi
n'entendons. On le traduisit en arabe, pour amuser le célèbre
sultan Ouloug-beg[6]. C'était du temps où les Arabes et les Persans
commençaient à écrire des *Mille et Une nuits*, des *Mille et Un jours*,
etc. Ouloug aimait mieux la lecture de *Zadig*, mais les sultanes
aimaient les *Mille et un*. « Comment pouvez-vous préférer, leur
disait le sage Ouloug, des contes qui sont sans raison et qui ne
signifient rien ? – C'est précisément pour cela que nous les
aimons », répondaient les sultanes.

Je me flatte que vous ne leur ressemblerez pas, et que vous serez
un vrai Ouloug. J'espère même que, quand vous serez lasse des
conversations générales, qui ressemblent assez aux *Mille et un*, à
cela près qu'elles sont moins amusantes, je pourrai trouver une
minute pour avoir l'honneur de vous parler raison. Si vous aviez

---

notes

1. **sens commun** : bon sens.
2. **derviches** : religieux musulmans.
3. **défiante** : méfiante.
4. **discernement** : capacité à juger clairement.

5. **chaldéen** : langue parlée à Babylone.
6. **Ouloug-beg** : sultan qui régna sur la ville de Samarkand de 1416 à 1449 et qui était considéré comme un philosophe.

été Thalestris[1] du temps de Scander[2], fils de Philippe ; si vous aviez été la reine de Sabée[3] du temps de Soleiman[4], c'eussent été
40 ces rois qui auraient fait le voyage.

Je prie les vertus célestes que vos plaisirs soient sans mélange, votre beauté durable, et votre bonheur sans fin.

Sadi.

---

1. Thalestris : reine des Amazones qui proposa à Scander de l'épouser.
2. Scander : Alexandre le Grand.

3. la reine de Sabée : la reine de Saba.
4. Soleiman : Salomon.

chapitre premier

Le Borgne

métaphore

Du temps du roi Moabdar[1] il y avait à Babylone[2] un jeune homme nommé Zadig[3], né avec un beau naturel fortifié par l'éducation. Quoique riche et jeune, il savait modérer ses passions ; il n'affectait rien[4] ; il ne voulait point toujours avoir raison, et savait respecter la faiblesse des hommes. On était étonné de voir qu'avec beaucoup d'esprit il n'insultât jamais par des railleries[5] à[6] ces propos si vagues, si rompus[7], si tumultueux, à ces médisances[8] téméraires, à ces décisions ignorantes, à ces turlupinades[9] grossières, à ce vain bruit de paroles, qu'on appelait *conversation* dans Babylone. Il avait appris, dans le premier livre de Zoroastre[10], que l'amour-propre est un ballon gonflé de vent,

---

notes

1. **Moabdar** : roi imaginé par Voltaire.
2. **Babylone** : ville de l'Antiquité située au bord de l'Euphrate et dont il ne reste que des ruines (*cf.* carte, p. 145).
3. **Zadig** : « le Juste » (*Zadik*, en hébreu).
4. **il n'affectait rien** : il n'était pas très ambitieux.
5. **railleries** : moqueries.
6. **n'insultât [...] à** : ne s'en prît à.
7. **rompus** : décousus.
8. **médisances** : allusion à la mode de critiquer Paris.
9. **turlupinades** : plaisanteries de mauvais goût.
10. **Zoroastre** : Zarathoustra, prophète et réformateur religieux persan.

dont il sort des tempêtes quand on lui a fait une piqûre. Zadig surtout ne se vantait pas de mépriser les femmes et de les subjuguer. Il était généreux ; il ne craignait point d'obliger les ingrats, suivant ce grand précepte de Zoroastre : *Quand tu manges, donne à manger aux chiens, dussent-ils te mordre.* Il était aussi sage qu'on peut l'être, car il cherchait à vivre avec les sages. Instruit dans les sciences des anciens Chaldéens[1], il n'ignorait pas les principes physiques de la nature tels qu'on les connaissait alors, et savait de la métaphysique[2] ce qu'on en a su dans tous les âges, c'est-à-dire fort peu de chose. Il était fermement persuadé que l'année était de trois cent soixante et cinq jours et un quart, malgré la nouvelle philosophie de son temps, et que le Soleil était au centre du monde ; et quand les principaux mages[3] lui disaient, avec une hauteur insultante, qu'il avait de mauvais sentiments, et que c'était être ennemi de l'État que de croire que le Soleil tournait sur lui-même et que l'année avait douze mois, il se taisait sans colère et sans dédain.

Zadig, avec de grandes richesses, et par conséquent avec des amis, ayant de la santé, une figure aimable, un esprit juste et modéré, un cœur sincère et noble, crut qu'il pouvait être heureux. Il devait se marier à Sémire[4], que sa beauté, sa naissance et sa fortune rendaient le premier parti de Babylone. Il avait pour elle un attachement solide et vertueux, et Sémire l'aimait avec passion. Ils touchaient au moment fortuné qui allait les unir, lorsque, se promenant ensemble vers une porte de Babylone, sous les palmiers qui ornaient le rivage de l'Euphrate, ils virent venir à eux des hommes armés de sabres et de flèches. C'étaient des satellites[5] du jeune Orcan[6], neveu d'un ministre, à qui les courtisans de son oncle avaient fait accroire[7] que tout lui était

notes

1. Chaldéens : habitants de Babylone réputés pour leurs connaissances en astronomie.
2. métaphysique : réflexion philosophique concernant un au-delà, une transcendance.
3. mages : prêtres dans la religion perse.
4. Sémire : Sémiramis, figure de l'infidélité conjugale.

5. satellites : gardes armés.
6. Orcan : nom turc figurant dans *Bajazet* de Racine.
7. accroire : croire (en l'abusant).

permis. Il n'avait aucune des grâces ni des vertus de Zadig ; mais, croyant valoir beaucoup mieux, il était désespéré de n'être pas préféré. Cette jalousie, qui ne venait que de sa vanité, lui fit penser qu'il aimait éperdument Sémire. Il voulait l'enlever. Les

45 ravisseurs la saisirent, et dans les emportements de leur violence ils la blessèrent, et firent couler le sang d'une personne dont la vue aurait attendri les tigres du mont Imaüs[1]. Elle perçait le ciel de ses plaintes. Elle s'écriait : « Mon cher époux ! on m'arrache à ce que j'adore ! » Elle n'était point occupée de son danger ; elle ne

50 pensait qu'à son cher Zadig. Celui-ci, dans le même temps, la défendait avec toute la force que donnent la valeur et l'amour. Aidé seulement de deux esclaves, il mit les ravisseurs en fuite et ramena chez elle Sémire, évanouie et sanglante, qui en ouvrant les yeux vit son libérateur. Elle lui dit : « Ô Zadig ! je vous aimais

55 comme mon époux ; je vous aime comme celui à qui je dois l'honneur et la vie. » Jamais il n'y eut un cœur plus pénétré[2] que celui de Sémire. Jamais bouche plus ravissante n'exprima des sentiments plus touchants par ces paroles de feu qu'inspirent le sentiment du plus grand des bienfaits et le transport[3] le plus tendre

60 de l'amour le plus légitime. Sa blessure était légère ; elle guérit bientôt. Zadig était blessé plus dangereusement ; un coup de flèche reçu près de l'œil lui avait fait une plaie profonde. Sémire ne demandait aux dieux que la guérison de son amant. Ses yeux étaient nuit et jour baignés de larmes : elle attendait le moment

65 où ceux de Zadig pourraient jouir de ses regards ; mais un abcès survenu à l'œil blessé fit tout craindre. On envoya jusqu'à Memphis[4] chercher le grand médecin Hermès[5], qui vint avec un nombreux cortège. Il visita[6] le malade, et déclara qu'il perdrait l'œil ; il prédit même le jour et l'heure où ce funeste[7] accident

70 devait arriver. « Si c'eût été de l'œil droit, dit-il, je l'aurais guéri ;

notes

1. **Imaüs** : Himalaya.
2. **pénétré** : ici, empli d'amour.
3. **le transport** : la passion.
4. **Memphis** : capitale de l'ancienne Égypte.
5. **Hermès** : Hermès Trismégiste, personnage mythologique considéré comme l'inventeur des sciences et de la médecine.
6. **visita** : ausculta à domicile.
7. **funeste** : mortel, fatal.

hyperbole

mais les plaies de l'œil gauche sont incurables. » Tout Babylone, en plaignant la destinée de Zadig, admira la profondeur de la science d'Hermès. Deux jours après, l'abcès perça de lui-même ; Zadig fut guéri parfaitement. Hermès écrivit un livre où il lui

75 prouva qu'il n'avait[1] pas dû guérir. Zadig ne le lut point ; mais, dès qu'il put sortir, il se prépara à rendre visite à celle qui faisait l'espérance du bonheur de sa vie et pour qui seule il voulait avoir des yeux. Sémire était à la campagne depuis trois jours. Il apprit en chemin que cette belle dame, ayant déclaré hautement qu'elle

80 avait une aversion insurmontable pour les borgnes, venait de se marier à Orcan la nuit même. À cette nouvelle, il tomba sans connaissance ; sa douleur le mit au bord du tombeau ; il fut longtemps malade ; mais enfin la raison l'emporta sur son afflic-tion[2], et l'atrocité de ce qu'il éprouvait servit même à le consoler.

85 « Puisque j'ai essuyé, dit-il, un si cruel caprice d'une fille élevée à la Cour, il faut que j'épouse une citoyenne[3]. » Il choisit Azora[4], la plus sage et la mieux née de la ville ; il l'épousa et vécut un mois avec elle dans les douceurs de l'union la plus tendre. Seulement il remarquait en elle un peu de légèreté et beaucoup de penchant

90 à trouver toujours que les jeunes gens les mieux faits étaient ceux qui avaient le plus d'esprit et de vertu.

euphémisme

antithèse

Il faut se méfier de l'amour

notes

| 1. n'avait : n'aurait. | 3. citoyenne : citadine. |
| 2. son affliction : sa souffrance. | 4. Azora : prénom qui signifie « la Brillante ». |

Le Nez[1]

Un jour Azora revint d'une promenade tout en colère et faisant de grandes exclamations. « Qu'avez-vous, lui dit-il, ma chère épouse ? qui[2] vous peut mettre ainsi hors de vous-même ? – Hélas ! dit-elle, vous seriez comme moi si vous aviez vu le spectacle dont je viens d'être témoin. J'ai été consoler la jeune veuve Cosrou[3], qui vient d'élever depuis deux jours un tombeau à son jeune époux auprès du ruisseau qui borde cette prairie. Elle a promis aux dieux, dans sa douleur, de demeurer auprès de ce tombeau tant que l'eau de ce ruisseau coulerait auprès. – Eh bien, dit Zadig, voilà une femme estimable, qui aimait véritablement son mari ! – Ah ! reprit Azora, si vous saviez à quoi elle s'occupait quand je lui ai rendu visite ! – À quoi donc, belle Azora ? – Elle faisait détourner le ruisseau. » Azora se

---

notes

1. Histoire inspirée d'un épisode du *Satiricon* de Pétrone (« La matrone d'Éphèse ») repris par La Fontaine.

2. qui : qu'est-ce qui.
3. Cosrou : nom du mari.

15 répandit en des invectives[1] si longues, éclata en reproches si violents contre la jeune veuve, que ce faste de vertu ne plut pas à Zadig.

Il avait un ami, nommé Cador[2], qui était un de ces jeunes gens à qui sa femme trouvait plus de probité[3] et de mérite qu'aux autres : il le mit dans sa confidence et s'assura, autant qu'il le 20 pouvait, de sa fidélité par un présent considérable. Azora ayant passé deux jours chez une de ses amies à la campagne, revint le troisième jour à la maison. Des domestiques en pleurs lui annoncèrent que son mari était mort subitement la nuit même, qu'on n'avait pas osé lui porter cette funeste nouvelle, et qu'on venait 25 d'ensevelir Zadig dans le tombeau de ses pères, au bout du jardin. Elle pleura, s'arracha les cheveux, et jura de mourir. Le soir, Cador lui demanda la permission de lui parler, et ils pleurèrent tous deux. Le lendemain, ils pleurèrent moins, et dînèrent ensemble. Cador lui confia que son ami lui avait laissé la plus 30 grande partie de son bien, et lui fit entendre qu'il mettrait son bonheur à partager sa fortune avec elle. La dame pleura, se fâcha, s'adoucit ; le souper fut plus long que le dîner ; on se parla avec plus de confiance : Azora fit l'éloge du défunt ; mais elle avoua qu'il avait des défauts dont Cador était exempt[4].

35 Au milieu du souper, Cador se plaignit d'un mal de rate violent ; la dame, inquiète et empressée, fit apporter toutes les essences dont elle se parfumait, pour essayer s'il n'y en avait pas quelqu'une qui fût bonne pour le mal de rate ; elle regretta beaucoup que le grand Hermès ne fût pas encore à Babylone ; 40 elle daigna même toucher le côté où Cador sentait de si vives douleurs. « Êtes-vous sujet à cette cruelle maladie ? lui dit-elle avec compassion. – Elle me met quelquefois au bord du tombeau, lui répondit Cador, et il n'y a qu'un seul remède qui puisse me soulager ; c'est de m'appliquer sur le côté le nez d'un

passage analysé

notes

1. invectives : discours violents.
2. Cador : *Kaddour* signifie « le Tout-Puissant » en arabe.

3. probité : honnêteté.
4. dont Cador était exempt : que Cador n'avait pas.

45 homme qui soit mort la veille. – Voilà un étrange remède, dit Azora. – Pas plus étrange, répondit-il, que les sachets du sieur Arnou[1] contre l'apoplexie[2]. » Cette raison, jointe à l'extrême mérite du jeune homme, détermina enfin la dame. « Après tout, dit-elle, quand mon mari passera du monde d'hier dans le monde 50 du lendemain sur le pont Tchinavar[3], l'ange Asraël[4] lui accordera-t-il moins de passage, parce que son nez sera un peu moins long dans la seconde vie que dans la première ? » Elle prit donc un rasoir ; elle alla au tombeau de son époux, l'arrosa de larmes, et s'approcha pour couper le nez à Zadig, qu'elle trouva 55 tout étendu dans la tombe. Zadig se relève en tenant son nez d'une main et arrêtant le rasoir de l'autre. « Madame, lui dit-il, ne criez plus tant contre la jeune Cosrou ; le projet de me couper le nez vaut bien celui de détourner un ruisseau. »

passage analysé

notes

1. Arnou : allusion à un contemporain de Voltaire, Arnoult, qui vantait les mérites d'un médicament contre l'apoplexie.
2. apoplexie : arrêt brutal des fonctions cérébrales.
3. Tchinavar : dans la religion perse, pont devant lequel sont jugées les âmes des morts ;

il permet aux justes d'accéder à une éternité bienheureuse.
4. Asraël : dans la religion musulmane, ange qui sépare de leurs corps les âmes des morts.

chapitre troisième

Le Chien et le Cheval

Z adig éprouva que le premier mois du mariage, comme il est écrit dans le livre du *Zend*[1], est la lune de miel, et que le second est la lune de l'absinthe[2]. Il fut quelque temps après obligé de répudier[3] Azora qui était devenue trop difficile à vivre, et il chercha son bonheur dans l'étude de la nature. « Rien n'est plus
5 heureux, disait-il, qu'un philosophe qui lit dans ce grand livre que Dieu a mis sous nos yeux. Les vérités qu'il découvre sont à lui ; il nourrit et il élève son âme ; il vit tranquille ; il ne craint rien des hommes, et sa tendre épouse ne vient point lui couper le
10 nez. »

Plein de ces idées, il se retira dans une maison de campagne sur les bords de l'Euphrate[4]. Là, il ne s'occupait pas à calculer combien de pouces d'eau coulaient en une seconde sous les

passage analysé

notes

1. *Zend* : commentaire de l'œuvre de Zoroastre, *L'avesta*.
2. absinthe : alcool qui deviendra à la mode au XIXe siècle.

3. répudier : renvoyer (un mari répudie sa femme).
4. Euphrate : fleuve d'Asie au bord duquel est bâtie Babylone (*cf.* carte, p. 145).

arches d'un pont[1], ou s'il tombait une ligne cube[2] de pluie dans le
15 mois de la Souris plus que dans le mois du Mouton[3]. Il n'imagi-
nait point de faire de la soie avec des toiles d'araignée, ni de la
porcelaine avec des bouteilles cassées[4] ; mais il étudia surtout les
propriétés des animaux et des plantes, et il acquit bientôt une
sagacité[5] qui lui découvrait mille différences où les autres
20 hommes ne voient rien que d'uniforme.

Un jour, se promenant auprès d'un petit bois, il vit accourir à
lui un eunuque[6] de la reine, suivi de plusieurs officiers qui
paraissaient dans la plus grande inquiétude, et qui couraient çà et
là, comme des hommes égarés qui cherchent ce qu'ils ont perdu
25 de plus précieux. « Jeune homme, lui dit le premier eunuque,
n'avez-vous point vu le chien de la reine ? » Zadig répondit
modestement : « C'est une chienne, et non pas un chien. – Vous
avez raison, reprit le premier eunuque. – C'est une épagneule
très petite, ajouta Zadig. Elle a fait depuis peu des chiens ; elle
30 boite du pied gauche de devant, et elle a les oreilles très longues.
– Vous l'avez donc vue ? dit le premier eunuque tout essoufflé.
– Non, répondit Zadig, je ne l'ai jamais vue, et je n'ai jamais su
si la reine avait une chienne. »

Précisément dans le même temps, par une bizarrerie ordinaire
35 de la fortune[7], le plus beau cheval de l'écurie du roi s'était
échappé des mains d'un palefrenier[8] dans les plaines de Babylone.
Le grand veneur[9] et tous les autres officiers couraient après lui
avec autant d'inquiétude que le premier eunuque après la
chienne. Le grand veneur s'adressa à Zadig et lui demanda s'il
40 n'avait point vu passer le cheval du roi. « C'est, répondit Zadig,
le cheval qui galope le mieux ; il a cinq pieds de haut, le sabot fort

passage analysé

notes

1. pont : allusion à un savant contemporain de Voltaire.
2. ligne cube : environ 2 mm³.
3. Souris [...] Mouton : mois fantaisistes du zodiaque.
4. toiles d'araignée, [...] bouteilles cassées : allusions à des savants contemporains de Voltaire.

5. sagacité : sagesse.
6. eunuque : homme castré, gardien du sérail.
7. la fortune : le hasard, le destin.
8. palefrenier : homme qui panse et soigne les chevaux.
9. grand veneur : responsable des chasses.

petit ; il porte une queue de trois pieds et demi de long ; les bossettes[1] de son mors[2] sont d'or à vingt-trois carats[3] ; ses fers sont d'argent à onze deniers[4]. – Quel chemin a-t-il pris ? où est-il ? demanda le grand veneur. – Je ne l'ai point vu, répondit Zadig, et je n'en ai jamais entendu parler. »

Le grand veneur et le premier eunuque ne doutèrent pas que Zadig n'eût volé le cheval du roi et la chienne de la reine ; ils le firent conduire devant l'assemblée du grand desterham[5], qui le condamna au knout[6] et à passer le reste de ses jours en Sibérie. À peine le jugement fut-il rendu qu'on retrouva le cheval et la chienne. Les juges furent dans la douloureuse nécessité de réformer leur arrêt ; mais ils condamnèrent Zadig à payer quatre cents onces[7] d'or pour avoir dit qu'il n'avait point vu ce qu'il avait vu. Il fallut d'abord payer cette amende ; après quoi il fut permis à Zadig de plaider sa cause au conseil du grand desterham ; il parla en ces termes :

« Étoiles de justice, abîmes de science, miroirs de vérité qui avez la pesanteur du plomb, la dureté du fer, l'éclat du diamant et beaucoup d'affinité avec l'or ! Puisqu'il m'est permis de parler devant cette auguste[8] assemblée, je vous jure par Orosmade[9] que je n'ai jamais vu la chienne respectable de la reine, ni le cheval sacré du roi des rois[10]. Voilà ce qui m'est arrivé. Je me promenais vers le petit bois, où j'ai rencontré depuis le vénérable eunuque et le très illustre grand veneur. J'ai vu sur le sable les traces d'un animal, et j'ai jugé aisément que c'étaient celles d'un petit chien. Des sillons légers et longs, imprimés de petites éminences[11] de sable, entre les traces des pattes, m'ont fait connaître que c'était une chienne dont les mamelles étaient pendantes, et qu'ainsi elle avait fait des petits il y a peu de jours. D'autres traces en un sens

passage analysé

notes

1. **bossettes** : ornements sur les côtés du mors.
2. **mors** : pièce du harnais qui passe dans la bouche du cheval.
3. **vingt-trois carats** : or presque pur.
4. **onze deniers** : argent presque pur.
5. **desterham** : trésorier du royaume.
6. **knout** : fouet chez les Russes.
7. **quatre cents onces** : un peu plus de 12 kg ; une once pèse 30,59 g.
8. **auguste** : vénérable.
9. **Orosmade** : le Bien, selon Zoroastre.
10. **roi des rois** : nom donné par les Grecs au roi de Perse.
11. **éminences** : monticules.

différent, qui paraissaient toujours avoir rasé la surface du sable à côté des pattes de devant, m'ont appris qu'elle avait les oreilles très longues ; et, comme j'ai remarqué que le sable était toujours moins creusé par une patte que par les trois autres, j'ai compris

75 que la chienne de notre auguste reine était un peu boiteuse, si je l'ose dire.

« À l'égard du cheval du roi des rois, vous saurez que, me promenant dans les routes de ce bois, j'ai aperçu les marques des fers d'un cheval ; elles étaient toutes à égales distances. Voilà, ai-je

80 dit, un cheval qui a un "galop parfait". La poussière des arbres, dans une route étroite qui n'a que sept pieds[1] de large, était un peu enlevée à droite et à gauche, à trois pieds et demi du milieu de la route. Ce cheval, ai-je dit, a une queue de trois pieds et demi, qui, par ses mouvements de droite et de gauche, a balayé

85 cette poussière. J'ai vu sous les arbres, qui formaient un berceau de cinq pieds de haut, les feuilles des branches nouvellement tombées, et j'ai connu que ce cheval y avait touché, et qu'ainsi il avait cinq pieds de haut. Quant à son mors, il doit être d'or à vingt-trois carats : car il en a frotté les bossettes contre une pierre

90 que j'ai reconnue être une pierre de touche[2] et que j'ai fait l'essai. J'ai jugé enfin, par les marques que ses fers ont laissées sur des cailloux d'une autre espèce, qu'il était ferré d'argent à onze deniers de fin[3]. »

Tous les juges admirèrent le profond et subtil discernement[4] de

95 Zadig ; la nouvelle en vint jusqu'au roi et à la reine. On ne parlait que de Zadig dans les antichambres[5], dans la chambre et dans le cabinet[6] ; et quoique plusieurs mages opinassent[7] qu'on devait le brûler comme sorcier, le roi ordonna qu'on lui rendît l'amende des quatre cents onces d'or à laquelle il avait été condamné. Le

passage analysé

---

notes

1. pieds : 1 pied mesure environ 33 cm.
2. pierre de touche : pierre destinée à vérifier la pureté d'un métal précieux.
3. onze deniers de fin : argent pur.
4. discernement : capacité à juger clairement.

5. antichambres : pièces d'attente placées à l'entrée d'un appartement.
6. cabinet : bureau.
7. opinassent : pensassent (imparfait du subjonctif, courant à l'époque de Voltaire).

100 greffier[1], les huissiers[2], les procureurs[3] vinrent chez lui en grand appareil[4] lui rapporter ces quatre cents onces ; ils en retinrent seulement trois cent quatre-vingt-dix-huit pour les frais de justice, et leurs valets demandèrent des honoraires.

Zadig vit combien il était dangereux quelquefois d'être trop 105 savant, et se promit bien, à la première occasion, de ne point dire ce qu'il avait vu.

Cette occasion se trouva bientôt. Un prisonnier d'État s'échappa ; il passa sous les fenêtres de sa maison. On interrogea Zadig, il ne répondit rien ; mais on lui prouva qu'il avait regardé 110 par la fenêtre. Il fut condamné pour ce crime à cinq cents onces d'or, et il remercia ses juges de leur indulgence, selon la coutume de Babylone. « Grand Dieu ! dit-il en lui-même, qu'on est à plaindre quand on se promène dans un bois où la chienne de la reine et le cheval du roi ont passé ! qu'il est dangereux de se 115 mettre à la fenêtre ! et qu'il est difficile d'être heureux dans cette vie ! »

---

notes

1. greffier : officier de justice chargé d'enregistrer les procédures.
2. huissiers : officiers de justice chargés d'exécuter les actes.

3. procureurs : dans l'Ancien Régime, officiers de justice chargés d'agir au nom du plaideur ; avocats.
4. en grand appareil : de manière solennelle.

Zadig (Ariel Ifergan) et le musicien (Jeannot Bournival) dans *Z commeZadig*, mise en scène d'Anne Millaire, Griffon Théâtre, 2009.

chapitre quatrième

L'Envieux

Zadig voulut se consoler par la philosophie et par l'amitié, des maux que lui avait faits la fortune. Il avait, dans un faubourg de Babylone, une maison ornée avec goût, où il rassemblait tous les arts et tous les plaisirs dignes d'un honnête homme[1]. Le matin,
5   sa bibliothèque était ouverte à tous les savants ; le soir, sa table l'était à la bonne compagnie ; mais il connut bientôt combien les savants sont dangereux. Il s'éleva une grande dispute[2] sur une loi de Zoroastre qui défendait de manger du griffon[3]. « Comment défendre le griffon, disaient les uns, si cet animal n'existe pas ? – Il
10 faut bien qu'il existe, disaient les autres, puisque Zoroastre ne veut pas qu'on en mange. » Zadig voulut les accorder[4], leur disant : « S'il y a des griffons, n'en mangeons point ; s'il n'y en a

notes

1. **honnête homme** : homme raisonnable.
2. **dispute** : discussion.
3. **griffon** : animal mythologique au corps de lion, à la tête et aux ailes d'aigle, sorte de

vautour ; une loi juive interdit de manger du vautour.
4. **accorder** : mettre d'accord.

61

point, nous en mangerons encore moins, et par là nous obéirons tous à Zoroastre. »

15 Un savant, qui avait composé treize volumes sur les propriétés du griffon, et qui de plus était grand théurgite[1], se hâta d'aller accuser Zadig, devant un archimage[2] nommé Yébor[3], le plus sot des Chaldéens, et partant le plus fanatique. Cet homme aurait fait empaler[4] Zadig pour la plus grande gloire du Soleil, et en aurait
20 récité le bréviaire[5] de Zoroastre d'un ton plus satisfait. L'ami Cador (un ami vaut mieux que cent prêtres) alla trouver le vieux Yébor, et lui dit : « Vivent le Soleil et les griffons ! gardez-vous bien de punir Zadig : c'est un saint ; il a des griffons dans sa basse-cour, et il n'en mange point ; et son accusateur est un
25 hérétique[6] qui ose soutenir que les lapins ont le pied fendu et ne sont point immondes[7]. – Eh bien, dit Yébor en branlant sa tête chauve, il faut empaler Zadig pour avoir mal pensé des griffons, et l'autre pour avoir mal parlé des lapins. » Cador apaisa l'affaire par le moyen d'une fille d'honneur à laquelle il avait fait un
30 enfant, et qui avait beaucoup de crédit[8] dans le collège des mages. Personne ne fut empalé ; de quoi plusieurs docteurs murmurèrent, et en présagèrent la décadence de Babylone. Zadig s'écria : « À quoi tient le bonheur ! tout me persécute dans ce monde, jusqu'aux êtres qui n'existent pas. » [Il maudit les savants, et ne
35 voulut plus vivre qu'en bonne compagnie.][9]

Il rassemblait chez lui les plus honnêtes gens de Babylone et les dames les plus aimables ; il donnait des soupers délicats, souvent précédés de concerts, et animés par des conversations charmantes dont il avait su bannir l'empressement de montrer de l'esprit, qui
40 est la plus sûre manière de n'en point avoir et de gâter la société

notes

1. **théurgite** : magicien qui entre en contact avec les esprits.
2. **archimage** : grand dignitaire religieux.
3. **Yébor** : anagramme de *Boyer*, un évêque détesté de Voltaire.
4. **empaler** : soumettre au supplice du pal, embrocher.

5. **bréviaire** : livre de prières.
6. **hérétique** : personne qui refuse la religion officielle.
7. **immondes** : impurs selon la loi religieuse.
8. **avait beaucoup de crédit** : était écoutée et appréciée.
9. Ajout de l'édition de 1751.

la plus brillante. Ni le choix de ses amis ni celui des mets[1] n'étaient faits par la vanité : car en tout il préférait l'être au paraître ; et par là il s'attirait la considération véritable, à laquelle il ne prétendait pas.

45   Vis-à-vis sa maison demeurait Arimaze[2], personnage dont la méchante âme était peinte sur sa grossière physionomie. Il était rongé de fiel[3] et bouffi d'orgueil ; et, pour comble, c'était un bel esprit ennuyeux. N'ayant jamais pu réussir dans le monde, il se vengeait par en médire[4]. Tout riche qu'il était, il avait de la peine
50   à rassembler chez lui des flatteurs. Le bruit des chars qui entraient le soir chez Zadig l'importunait, le bruit de ses louanges l'irritait davantage. Il allait quelquefois chez Zadig, et se mettait à table sans être prié : il y corrompait toute la joie de la société, comme on dit que les Harpies[5] infectent les viandes[6] qu'elles touchent. Il
55   lui arriva un jour de vouloir donner une fête à une dame qui, au lieu de la recevoir, alla souper chez Zadig. Un autre jour, causant avec lui dans le palais, ils abordèrent un ministre qui pria Zadig à souper, et ne pria point Arimaze. Les plus implacables[7] haines n'ont pas souvent des fondements[8] plus importants. Cet homme,
60   qu'on appelait l'Envieux dans Babylone, voulut perdre Zadig parce qu'on l'appelait l'Heureux. L'occasion de faire du mal se trouve cent fois par jour, et celle de faire du bien une fois dans l'année, comme dit Zoroastre.

     L'Envieux alla chez Zadig, qui se promenait dans ses jardins
65   avec deux amis et une dame, à laquelle il disait souvent des choses galantes, sans autre intention que celle de les dire. La conversation roulait sur une guerre que le roi venait de terminer heureusement contre le prince d'Hyrcanie[9], son vassal[10]. Zadig, qui avait

notes

1. mets : plats servis lors d'un repas.
2. Arimaze : rappelle Ahriman, principe du Mal dans la doctrine de Zoroastre.
3. fiel : amertume.
4. par en médire : en en disant du mal (imitation d'une phrase de Montaigne).
5. Harpies : créatures de la mythologie grecque mi-femmes, mi-vautours.

6. viandes : aliments.
7. implacables : dures, intransigeantes.
8. fondements : origines.
9. Hyrcanie : territoire au sud-est de la mer Caspienne, habité par une race sauvage et cruelle.
10. vassal : noble qui lui doit obéissance dans les lois de la féodalité.

70 signalé le courage dans cette courte guerre, louait beaucoup le roi, et encore plus la dame. Il prit ses tablettes, et écrivit quatre vers qu'il fit sur-le-champ et qu'il donna à lire à cette belle personne. Ses amis le prièrent de leur en faire part ; la modestie, ou plutôt un amour-propre bien entendu, l'en empêcha. Il savait que des vers impromptus[1] ne sont jamais bons que pour celle en

75 l'honneur de qui ils sont faits : il brisa en deux la feuille des tablettes sur laquelle il venait d'écrire, et jeta les deux moitiés dans un buisson de roses où on les chercha inutilement. Une petite pluie survint ; on regagna la maison. L'Envieux, qui resta dans le jardin, chercha tant qu'il trouva un morceau de la feuille. Elle

80 avait été tellement rompue[2] que chaque moitié de vers qui remplissait la ligne faisait un sens, et même un vers d'une plus petite mesure ; mais, par un hasard encore plus étrange, ces petits vers se trouvaient former un sens qui contenait les injures les plus horribles contre le roi. On y lisait :

85 *Par les plus grands forfaits*
   Sur le trône affermi,
   Dans la publique paix
   C'est le seul ennemi.

   L'Envieux fut heureux pour la première fois de sa vie. Il avait
90 entre les mains de quoi perdre un homme vertueux et aimable. Plein de cette cruelle joie, il fit parvenir jusqu'au roi cette satire écrite de la main de Zadig : on le fit mettre en prison, lui, ses deux amis et la dame. Son procès lui fut bientôt fait, sans qu'on daignât l'entendre. Lorsqu'il vint recevoir sa sentence, l'Envieux se
95 trouva sur son passage, et lui dit tout haut que ses vers ne valaient rien. Zadig ne se piquait pas d'être[3] un bon poète ; mais il était au désespoir d'être condamné comme criminel de lèse-majesté[4] et de voir qu'on retînt en prison une belle dame et deux amis pour

un crime qu'il n'avait pas fait. On ne lui permit pas de parler,
100 parce que ses tablettes parlaient. Telle était la loi de Babylone. On
le fit donc aller au supplice à travers une foule de curieux, dont
aucun n'osait le plaindre, et qui se précipitaient pour examiner
son visage et pour voir s'il mourrait avec bonne grâce. Ses parents
seulement étaient affligés, car ils n'héritaient pas. Les trois quarts
105 de son bien étaient confisqués au profit du roi, et l'autre quart au
profit de l'Envieux.

Dans le temps qu'il se préparait à la mort, le perroquet du roi
s'envola de son balcon, et s'abattit dans le jardin de Zadig sur un
buisson de roses. Une pêche y avait été portée d'un arbre voisin
110 par le vent : elle était tombée sur un morceau de tablette à écrire
auquel elle s'était collée. L'oiseau enleva la pêche et la tablette, et
les porta sur les genoux du monarque. Le prince, curieux, y lut
des mots qui ne formaient aucun sens, et qui paraissaient des fins
de vers. Il aimait la poésie [et il y a toujours de la ressource avec
115 les princes qui aiment les vers][1] : l'aventure de son perroquet le fit
rêver. La reine, qui se souvenait de ce qui avait été écrit sur une
pièce de la tablette de Zadig, se la fit apporter. On confronta les
deux morceaux, qui s'ajustaient ensemble parfaitement ; on lut
alors les vers tels que Zadig les avait faits :

120 *Par les plus grands forfaits j'ai vu troubler la terre.*

Sur le trône affermi, le roi sait tout dompter.

Dans la publique paix l'amour seul fait la guerre :

C'est le seul ennemi qui soit à redouter.

Le roi ordonna aussitôt qu'on fît venir Zadig devant lui, et
125 qu'on fît sortir de prison ses deux amis et la belle dame. Zadig se
jeta le visage contre terre aux pieds du roi et de la reine : il leur
demanda très humblement pardon d'avoir fait de mauvais vers ;
il parla avec tant de grâce, d'esprit et de raison que le roi et la reine
voulurent le revoir. Il revint et plut encore davantage. On lui

note

1. Ajout de l'édition de 1751, par flatterie à
l'adresse de Frédéric II.

130 donna tous les biens de l'Envieux qui l'avait injustement accusé ;
mais Zadig les rendit tous, et l'Envieux ne fut touché que du
plaisir de ne pas perdre son bien. L'estime du roi s'accrut de jour
en jour pour Zadig. Il le mettait de tous ses plaisirs et le consultait
dans toutes ses affaires. [La reine le regarda dès lors avec une
135 complaisance[1] qui pouvait devenir dangereuse pour elle, pour le
roi son auguste époux, pour Zadig et pour le royaume. Zadig
commençait à croire qu'il n'est pas difficile d'être heureux.][2]

notes

| **1. complaisance :** attention bienveillante. | **2.** Ajout de la seconde édition de 1748.

Chapitre cinquième

Les Généreux

L e temps arriva où l'on célébrait une grande fête qui revenait tous les cinq ans. C'était la coutume à Babylone de déclarer solennellement, au bout de cinq années, celui des citoyens qui avait fait l'action la plus généreuse. Les grands et les mages étaient
5 les juges. Le premier satrape¹, chargé du soin de la ville, exposait les plus belles actions qui s'étaient passées sous son gouvernement. On allait aux voix² ; le roi prononçait un jugement. On venait à cette solennité des extrémités de la Terre. Le vainqueur recevait des mains du monarque une coupe d'or garnie de
10 pierreries, et le roi lui disait ces paroles : « Recevez ce prix de la générosité, et puissent les dieux me donner beaucoup de sujets qui vous ressemblent ! »

Ce jour mémorable venu, le roi parut sur son trône, environné des grands, des mages, et des députés de toutes les nations qui
15 venaient à ces jeux, où la gloire s'acquérait non par la légèreté des

notes

1. satrape : en Perse, gouverneur d'une province. 2. On allait aux voix : on votait.

67

chevaux, non par la force du corps, mais par la vertu. Le premier satrape rapporta à haute voix les actions qui pouvaient mériter à leurs auteurs ce prix inestimable. Il ne parla point de la grandeur d'âme avec laquelle Zadig avait rendu à l'Envieux toute sa
20 fortune : ce n'était pas une action qui méritât de disputer le prix.

Il présenta d'abord un juge qui, ayant fait perdre un procès considérable à un citoyen par une méprise dont il n'était pas responsable, lui avait donné tout son bien, qui était la valeur de ce que l'autre avait perdu.

25 Il produisit ensuite un jeune homme qui, étant éperdument épris[1] d'une fille qu'il allait épouser, l'avait cédée à un ami près d'expirer d'amour pour elle, et qui avait encore payé la dot en cédant la fille.

Ensuite il fit paraître un soldat qui, dans la guerre d'Hyrcanie,
30 avait donné encore un plus grand exemple de générosité. Des soldats ennemis lui enlevaient sa maîtresse, et il la défendait contre eux ; on vint lui dire que d'autres Hyrcaniens enlevaient sa mère à quelques pas de là : il quitta en pleurant sa maîtresse, et courut délivrer sa mère ; il retourna ensuite vers celle qu'il aimait,
35 et la trouva expirante. Il voulut se tuer ; sa mère lui remontra qu'elle n'avait que lui pour tout secours, et il eut le courage de souffrir la vie.

Les juges penchaient pour ce soldat. Le roi prit la parole, et dit : « Son action et celle des autres sont belles ; mais elles ne m'éton-
40 nent point ; hier Zadig en a fait une qui m'a étonné. J'avais disgracié[2] depuis quelques jours mon ministre et mon favori Coreb. Je me plaignais de lui avec violence, et tous mes courtisans m'assuraient que j'étais trop doux ; c'était à qui me dirait le plus de mal de Coreb. Je demandai à Zadig ce qu'il en pensait, et il osa
45 en dire du bien. J'avoue que j'ai vu, dans nos histoires, des exemples qu'on a payé de son bien une erreur, qu'on a cédé sa maîtresse, qu'on a préféré une mère à l'objet de son amour ; mais

notes
_____

| 1. **épris** : amoureux. | 2. **disgracié** : chassé (pour un personnage politique).

68

je n'ai jamais lu qu'un courtisan ait parlé avantageusement d'un ministre disgracié, contre qui son souverain était en colère. Je donne vingt mille pièces d'or à chacun de ceux dont on vient de réciter[1] les actions généreuses ; mais je donne la coupe à Zadig.

– Sire, lui dit-il, c'est Votre Majesté seule qui mérite la coupe, c'est elle qui a fait l'action la plus inouïe, puisque, étant roi, vous ne vous êtes point fâché contre votre esclave, lorsqu'il contredisait votre passion[2]. »

On admira le roi et Zadig. Le juge qui avait donné son bien, l'amant qui avait marié sa maîtresse à son ami, le soldat qui avait préféré le salut de sa mère à celui de sa maîtresse reçurent les présents du monarque ; ils virent leurs noms écrits dans le livre des Généreux. Zadig eut la coupe. Le roi acquit une réputation d'un bon prince, qu'il ne garda pas longtemps. Ce jour fut consacré par des fêtes plus longues que la loi ne le portait. La mémoire s'en conserve encore dans l'Asie. [Zadig disait : « Je suis donc enfin heureux ! » Mais il se trompait.][3]

---

notes

1. **réciter** : exprimer en public.
2. **passion** : sentiment.

3. Ajout de la seconde édition de 1748.

Chapitre sixième

Le Ministre

Le roi avait perdu son Premier ministre. Il choisit Zadig pour remplir cette place. Toutes les belles dames de Babylone applaudirent à ce choix ; car depuis la fondation de l'Empire il n'y avait jamais eu de ministre si jeune. Tous les courtisans furent fâchés ; l'Envieux en eut un crachement de sang, et le nez lui enfla prodigieusement. Zadig, ayant remercié le roi et la reine, alla remercier aussi le perroquet. « Bel oiseau, lui dit-il, c'est vous qui m'avez sauvé la vie, et qui m'avez fait Premier ministre : la chienne et le cheval de Leurs Majestés m'avaient fait beaucoup de mal, mais vous m'avez fait du bien. Voilà donc de quoi dépendent les destins des hommes ! Mais, ajouta-t-il, un bonheur si étrange sera peut-être bientôt évanoui. » Le perroquet répondit : « Oui. » Ce mot frappa Zadig ; cependant, comme il était bon physicien[1] et qu'il ne croyait pas que les perroquets fussent

note

| **1. physicien** : spécialiste de la nature.

15 prophètes, il se rassura bientôt, et se mit à exercer son ministère de son mieux.

Il fit sentir à tout le monde le pouvoir sacré des lois, et ne fit sentir à personne le poids de sa dignité. Il ne gêna point les voix du divan[1], et chaque vizir pouvait avoir un avis sans lui déplaire.

20 Quand il jugeait une affaire, ce n'était pas lui qui jugeait, c'était la loi ; mais, quand elle était trop sévère, il la tempérait, et, quand on manquait de lois, son équité[2] en faisait qu'on aurait prises pour celles de Zoroastre.

C'est de lui que les nations tiennent ce grand principe : qu'il

25 vaut mieux hasarder de sauver un coupable que de condamner un innocent. Il croyait que les lois étaient faites pour secourir les citoyens autant que pour les intimider. Son principal talent était de démêler la vérité, que tous les hommes cherchent à obscurcir.

Dès les premiers jours de son administration il mit ce grand

30 talent en usage. Un fameux négociant de Babylone était mort aux Indes ; il avait fait ses héritiers ses deux fils par portions égales, après avoir marié leur sœur, et il laissait un présent de trente mille pièces d'or à celui de ses deux fils qui serait jugé l'aimer davantage. L'aîné lui bâtit un tombeau, le second augmenta

35 d'une partie de son héritage la dot de sa sœur ; chacun disait : « C'est l'aîné qui aime le mieux son père ; le cadet aime mieux sa sœur ; c'est à l'aîné qu'appartiennent les trente mille pièces. »

Zadig les fit venir tous les deux l'un après l'autre. Il dit à l'aîné : « Votre père n'est point mort, il est guéri de sa dernière maladie,

40 il revient à Babylone. – Dieu soit loué, répondit le jeune homme ; mais voilà un tombeau qui m'a coûté bien cher ! » Zadig dit ensuite la même chose au cadet. « Dieu soit loué, répondit-il, je vais rendre à mon père tout ce que j'ai ; mais je voudrais qu'il laissât à ma sœur ce que je lui ai donné. – Vous ne

45 rendrez rien, dit Zadig, et vous aurez les trente mille pièces : c'est vous qui aimez le mieux votre père. »

notes ....

| **1. divan** : conseil des vizirs (ministres). | **2. équité** : sens de la justice.

Une fille fort riche avait fait une promesse de mariage à deux mages, et, après avoir reçu quelques mois des instructions de l'un et de l'autre, elle se trouva grosse[1]. Ils voulaient tous deux
50 l'épouser. « Je prendrai pour mon mari, dit-elle, celui des deux qui m'a mise en état de donner un citoyen à l'Empire. – C'est moi qui ai fait cette bonne œuvre, dit l'un. – C'est moi qui ai eu cet avantage, dit l'autre. – Eh bien, répondit-elle, je reconnais pour père de l'enfant celui des deux qui lui pourra donner la
55 meilleure éducation. » Elle accoucha d'un fils. Chacun des mages veut l'élever. La cause est portée devant Zadig. Il fait venir les deux mages. « Qu'enseigneras-tu à ton pupille[2] ? dit-il au premier. – Je lui apprendrai, dit le docteur, les huit parties d'oraison[3], la dialectique[4], l'astrologie, la démonomanie[5], ce que
60 c'est que la substance[6] et l'accident[7], l'abstrait et le concret, les monades[8] et l'harmonie préétablie[9]. – Moi, dit le second, je tâcherai de le rendre juste et digne d'avoir des amis. » Zadig prononça : « Que tu sois son père ou non, tu épouseras sa mère. »

notes

1. **grosse** : enceinte.
2. **pupille** : enfant dont on a la responsabilité.
3. **les huit parties d'oraison** : les diverses formes de la phrase, en vue de l'apprentissage du discours.
4. **dialectique** : argumentation contradictoire.
5. **démonomanie** : connaissance des démons.
6. **substance** : ce qui existe de manière permanente et stable (terme philosophique).

7. **accident** : ce qui se produit sans modifier la substance (terme philosophique).
8. **monades** : pour le philosophe Leibniz, unité première des choses.
9. **harmonie préétablie** : expression de Leibniz pour désigner l'harmonie du corps et de l'esprit réglée par Dieu.

chapitre septième

Les Disputes[1] et les Audiences[2]

C'est ainsi qu'il montrait tous les jours la subtilité de son génie[3] et la bonté de son âme ; on l'admirait, et cependant on l'aimait. Il passait pour le plus fortuné[4] de tous les hommes ; tout l'Empire était rempli de son nom ; toutes les femmes le
5 lorgnaient[5] ; tous les citoyens célébraient sa justice ; les savants le regardaient comme leur oracle[6] ; les prêtres même avouaient qu'il en savait plus que le vieux archimage Yébor. On était bien loin alors de lui faire des procès sur les griffons ; on ne croyait que ce qui lui semblait croyable.
10   Il y avait une grande querelle dans Babylone, qui durait depuis quinze cents années, et qui partageait l'Empire en deux sectes opiniâtres[7] : l'une prétendait qu'il ne fallait jamais entrer dans le

notes

1. **Disputes :** échanges d'opinions.
2. **Audiences :** entretiens accordés à des particuliers.
3. **génie :** intelligence innée.
4. **fortuné :** chanceux.

5. **lorgnaient :** regardaient avec intérêt.
6. **oracle :** personne qui énonce la vérité, en général de source divine.
7. **opiniâtres :** obstinées.

temple de Mithra[1] que du pied gauche ; l'autre avait cette coutume en abomination et n'entrait jamais que du pied droit.
15 On attendait le jour de la fête solennelle du Feu sacré pour savoir quelle secte serait favorisée par Zadig. L'univers avait les yeux sur ses deux pieds, et toute la ville était en agitation et en suspens. Zadig entra dans le temple en sautant à pieds joints et il prouva ensuite, par un discours éloquent, que le Dieu du ciel et de la
20 terre, qui n'a acception de[2] personne, ne fait pas plus de cas de la jambe gauche que de la jambe droite.

L'Envieux et sa femme prétendirent que dans son discours il n'y avait pas assez de figures[3], qu'il n'avait pas fait assez danser les montagnes et les collines. « Il est sec et sans génie, disaient-ils : on
25 ne voit chez lui ni la mer s'enfuir, ni les étoiles tomber, ni le soleil se fondre comme de la cire[4] ; il n'a point le bon style oriental. » Zadig se contentait d'avoir le style de la raison. Tout le monde fut pour lui, non pas parce qu'il était dans le bon chemin, non pas parce qu'il était raisonnable, non pas parce qu'il était aimable,
30 mais parce qu'il était Premier vizir[5].

Il termina aussi heureusement le grand procès entre les mages blancs et les mages noirs[6]. Les blancs soutenaient que c'était une impiété de se tourner, en priant Dieu, vers l'orient d'hiver ; les noirs assuraient que Dieu avait en horreur les prières des hommes
35 qui se tournaient vers le couchant d'été[7]. Zadig ordonna qu'on se tournât comme on voudrait.

Il trouva ainsi le secret d'expédier le matin les affaires particulières et les générales ; le reste du jour, il s'occupait des embellissements de Babylone ; il faisait représenter des tragédies où l'on
40 pleurait, et des comédies où l'on riait ; ce qui était passé de mode

notes

1. **Mithra** : divinité orientale du Feu et du Soleil.
2. **qui n'a acception de** : qui n'a de préférence pour.
3. **figures** : figures de style.
4. **danser les montagnes [...] cire** : style biblique, allusions au psaume CXIII et au chapitre XIV d'Isaïe.
5. **Premier vizir** : Premier ministre.
6. **les mages blancs et les mages noirs** : allusion aux prêtres catholiques (aube blanche) et aux pasteurs protestants (costume noir).
7. **le couchant d'été** : le nord-ouest.

depuis longtemps, et ce qu'il fit renaître parce qu'il avait du goût. Il ne prétendait pas en savoir plus que les artistes ; il les récompensait par des bienfaits et des distinctions[1], et n'était point jaloux en secret de leurs talents. Le soir, il amusait beaucoup le roi, et surtout la reine. Le roi disait : « Le grand ministre ! », la reine disait : « L'aimable ministre ! » et tous deux ajoutaient : « C'eût été grand dommage qu'il eût été pendu. »

Jamais homme en place ne fut obligé de donner tant d'audiences aux dames. La plupart venaient lui parler des affaires[2] qu'elles n'avaient point, pour en avoir une avec lui. La femme de l'Envieux s'y présenta des premières[3] ; elle lui jura par Mithra, par *Zend-Avesta*[4], et par le feu sacré, qu'elle avait détesté la conduite de son mari ; elle lui confia ensuite que ce mari était un jaloux, un brutal ; elle lui fit entendre que les dieux le punissaient en lui refusant les précieux effets de ce feu sacré par lequel seul l'homme est semblable aux immortels[5] : elle finit par laisser tomber sa jarretière[6] ; Zadig la ramassa avec sa politesse ordinaire, mais il ne la rattacha point au genou de la dame ; et cette petite faute, si c'en est une, fut la cause des plus horribles infortunes[7]. Zadig n'y pensa pas, et la femme de l'Envieux y pensa beaucoup.

D'autres dames se présentaient tous les jours. Les annales secrètes de Babylone prétendent qu'il succomba une fois, mais qu'il fut tout étonné de jouir sans volupté, et d'embrasser son amante avec distraction. Celle à qui il donna, presque sans s'en apercevoir, des marques de sa protection, était une femme de chambre de la reine Astarté[8]. Cette tendre Babylonienne se disait à elle-même pour se consoler : « Il faut que cet homme-là ait prodigieusement d'affaires dans la tête, puisqu'il y songe encore,

notes

1. distinctions : marques honorifiques (titres ou décorations).
2. affaires : « *mot plaisant pour signifier le service galant qu'on rend aux dames qui ne refusent rien* » (*Dictionnaire de Trévoux*).
3. des premières : parmi les premières.
4. Zend-Avesta : livres saints des disciples de Zoroastre.

5. les précieux [...] immortels : la possibilité de procréer.
6. jarretière : bande destinée à fixer les bas.
7. infortunes : malheurs.
8. Astarté : nom de la déesse du Ciel chez les Chaldéens.

même en faisant l'amour. » Il échappa à Zadig, dans les instants où
plusieurs personnes ne disent mot, et où d'autres ne prononcent
que des paroles sacrées, de s'écrier : « La reine ! » La Babylonienne crut qu'enfin il était revenu à lui dans un bon moment et
qu'il lui disait : « Ma reine ! » Mais Zadig, toujours très distrait,
prononça le nom d'Astarté. La dame, qui dans ces heureuses
circonstances interprétait tout à son avantage, s'imagina que cela
voulait dire : « Vous êtes plus belle que la reine Astarté ! » Elle
sortit du sérail[1] de Zadig avec de très beaux présents. Elle alla
conter son aventure à l'Envieuse, qui était son amie intime ;
celle-ci fut cruellement piquée de la préférence. « Il n'a pas
daigné seulement, dit-elle, me rattacher ma jarretière que voici,
et dont je ne veux plus me servir. – Oh ! oh ! dit la fortunée à
l'Envieuse, vous portez les mêmes jarretières que la reine ! Vous
les prenez donc chez la même faiseuse ? » L'Envieuse rêva
profondément, ne répondit rien, et alla consulter son mari
l'Envieux.

Cependant Zadig s'apercevait qu'il avait toujours des distrac-
tions quand il donnait des audiences et quand il jugeait ; il ne
savait à quoi les attribuer : c'était là sa seule peine.

Il eut un songe : il lui semblait qu'il était couché d'abord sur des
herbes sèches, parmi lesquelles il y en avait quelques-unes de
piquantes qui l'incommodaient[2], et qu'ensuite il reposait molle-
ment sur un lit de roses, dont il sortait un serpent qui le blessait au
cœur de sa langue acérée et envenimée. « Hélas ! disait-il, j'ai été
longtemps couché sur ces herbes sèches et piquantes, je suis
maintenant sur le lit de roses ; mais quel sera le serpent ? »

notes

| **1. sérail** : palais. | **2. l'incommodaient** : le gênaient.

chapitre huitième

La Jalousie

Le malheur de Zadig vint de son bonheur même, et surtout de son mérite. Il avait tous les jours des entretiens avec le roi et avec Astarté, son auguste épouse. Les charmes de la conversation redoublaient encore par cette envie de plaire qui est à l'esprit ce que la parure est à la beauté ; sa jeunesse et ses grâces firent insensiblement sur Astarté une impression dont elle ne s'aperçut pas d'abord. Sa passion croissait dans le sein de l'innocence. Astarté se livrait sans scrupule et sans crainte au plaisir de voir et d'entendre un homme cher à son époux et à l'État ; elle ne cessait de le vanter au roi ; elle en parlait à ses femmes qui enchérissaient encore sur ses louanges ; tout servait à enfoncer dans son cœur le trait qu'elle ne sentait plus. Elle faisait des présents à Zadig, dans lesquels il entrait plus de galanterie[1] qu'elle ne pensait ; elle croyait ne lui parler qu'en reine contente de ses services, et quelquefois ses expressions étaient d'une femme sensible.

passage analysé

note
_____

| 1. **galanterie** : séduction.

Zadig (Ariel Ifergan)
dans *Z comme Zadig*,
Griffon Théâtre, 2009.

Chapitre huitième

Astarté était beaucoup plus belle que cette Sémire[1] qui haïssait tant les borgnes, et que cette autre femme qui avait voulu couper le nez à son époux. La familiarité d'Astarté, ses discours tendres, dont elle commençait à rougir, ses regards, qu'elle voulait détourner, et qui se fixaient sur les siens, allumèrent dans le cœur de Zadig un feu dont il s'étonna. Il combattit ; il appela à son secours la philosophie, qui l'avait toujours secouru ; il n'en tira que des lumières, et n'en reçut aucun soulagement. Le devoir, la reconnaissance, la majesté souveraine violée se présentaient à ses yeux comme des dieux vengeurs ; il combattait, il triomphait ; mais cette victoire, qu'il fallait remporter à tout moment, lui coûtait des gémissements et des larmes. Il n'osait plus parler à la reine avec cette douce liberté qui avait eu tant de charmes pour tous deux ; ses yeux se couvraient d'un nuage ; ses discours étaient contraints[2] et sans suite ; il baissait la vue ; et quand, malgré lui, ses regards se tournaient vers Astarté, ils rencontraient ceux de la reine mouillés de pleurs, dont il partait des traits de flamme ; ils semblaient se dire l'un à l'autre : « Nous nous adorons, et nous craignons de nous aimer ; nous brûlons tous deux d'un feu que nous condamnons. »

Zadig sortait d'auprès d'elle égaré, éperdu, le cœur surchargé d'un fardeau qu'il ne pouvait plus porter : dans la violence de ces agitations, il laissa pénétrer son secret à son ami Cador, comme un homme qui, ayant soutenu longtemps les atteintes d'une vive douleur, fait enfin connaître son mal par un cri qu'un redouble-ment aigu lui arrache, et par la sueur froide qui coule sur son front.

Cador lui dit : « J'ai déjà démêlé les sentiments que vous vouliez vous cacher à vous-même ; les passions ont des signes auxquels on ne peut se méprendre. Jugez mon cher Zadig, puisque j'ai lu dans votre cœur, si le roi n'y découvrira pas un sentiment qui l'offense. Il n'a d'autre défaut que celui d'être le

passage analysé

notes
___

1. Sémire : femme que devait épouser Zadig dans le premier chapitre. | **2. contraints** : gênés.

plus jaloux des hommes. Vous résistez à votre passion avec plus de force que la reine ne combat la sienne, parce que vous êtes philosophe et parce que vous êtes Zadig. Astarté est femme ; elle laisse parler ses regards avec d'autant plus d'imprudence qu'elle ne se croit pas encore coupable. Malheureusement rassurée sur son innocence, elle néglige des dehors nécessaires. Je tremblerai pour elle tant qu'elle n'aura rien à se reprocher. Si vous étiez d'accord l'un et l'autre, vous sauriez tromper tous les yeux : une passion naissante et combattue éclate ; un amour satisfait sait se cacher. » Zadig frémit à la proposition de trahir le roi, son bienfaiteur ; et jamais il ne fut plus fidèle à son prince que quand il fut coupable envers lui d'un crime involontaire. Cependant la reine prononçait si souvent le nom de Zadig, son front se couvrait de tant de rougeur en le prononçant, elle était tantôt si animée, tantôt si interdite[1], quand elle lui parlait en présence du roi ; une rêverie si profonde s'emparait d'elle quand il était sorti, que le roi fut troublé. Il crut tout ce qu'il voyait et imagina tout ce qu'il ne voyait point. Il remarqua surtout que les babouches[2] de sa femme étaient bleues, et que les babouches de Zadig étaient bleues, que les rubans de sa femme étaient jaunes et que le bonnet de Zadig était jaune : c'étaient là de terribles indices pour un prince délicat[3]. Les soupçons se tournèrent en certitude dans son esprit aigri.

Tous les esclaves des rois et des reines sont autant d'espions de leurs cœurs. On pénétra[4] bientôt qu'Astarté était tendre, et que Moabdar était jaloux. L'Envieux engagea l'Envieuse à envoyer au roi sa jarretière, qui ressemblait à celle de la reine. Par surcroît de malheur, cette jarretière était bleue. Le monarque ne songea plus qu'à la manière de se venger. Il résolut une nuit d'empoisonner la reine, et de faire mourir Zadig par le cordeau[5], au point du jour. L'ordre en fut donné à un impitoyable eunuque,

passage analysé

notes

1. **interdite** : déconcertée.
2. **babouches** : sorte de chaussures orientales.
3. **délicat** : susceptible.
4. **pénétra** : découvrit.
5. **cordeau** : petite corde.

exécuteur de ses vengeances. Il y avait alors dans la chambre du
80   roi un petit nain qui était muet[1], mais qui n'était pas sourd. On le
souffrait toujours[2] : il était témoin de ce qui se passait de plus
secret, comme un animal domestique. Ce petit muet était très
attaché à la reine et à Zadig. Il entendit, avec autant de surprise
que d'horreur, donner l'ordre de leur mort. Mais comment faire
85   pour prévenir cet ordre effroyable, qui allait s'exécuter dans peu
d'heures ? Il ne savait pas écrire, mais il avait appris à peindre, et
savait surtout faire ressembler. Il passa une partie de la nuit à
crayonner ce qu'il voulait faire entendre à la reine. Son dessin
représentait le roi agité de fureur, dans un coin du tableau,
90   donnant des ordres à un eunuque ; un cordeau bleu et un vase sur
la table, avec des jarretières bleues et des rubans jaunes ; la reine
dans le milieu du tableau expirante entre les bras de ses femmes,
et Zadig étranglé par les pieds. L'horizon représentait un soleil
levant, pour marquer que cette horrible exécution devait se faire
95   aux premiers rayons de l'aurore. Dès qu'il eut fini cet ouvrage, il
courut chez une femme d'Astarté, la réveilla, et lui fit entendre
qu'il fallait dans l'instant même porter ce tableau à la reine.

    Cependant, au milieu de la nuit, on vient frapper à la porte de
Zadig ; on le réveille ; on lui donne un billet de la reine ; il doute
100   si c'est un songe ; il ouvre la lettre d'une main tremblante. Quelle
fut sa surprise et qui pourrait exprimer la consternation et le
désespoir dont il fut accablé, quand il lut ces paroles : *Fuyez, dans
l'instant même, ou l'on va vous arracher la vie. Fuyez, Zadig, je vous
l'ordonne au nom de notre amour et de mes rubans jaunes. Je n'étais point
105   coupable ; mais je sens que je vais mourir criminelle.*

    Zadig eut à peine la force de parler. Il ordonna qu'on fît venir
Cador, et, sans lui rien dire, il lui donna ce billet. Cador le força
d'obéir et de prendre sur-le-champ la route de Memphis. « Si
vous osez aller trouver la reine, lui dit-il, vous hâtez sa mort ; si
110   vous parlez au roi, vous la perdez encore. Je me charge de sa

passage analysé

notes

| 1. nain [...] muet : personnage courant dans les contes orientaux. | 2. On le souffrait toujours : il était toujours accepté. |

destinée ; suivez la vôtre. Je répandrai le bruit que vous avez pris la route des Indes. Je viendrai bientôt vous trouver, et je vous apprendrai ce qui se sera passé à Babylone. »

115 Cador, dans le moment même, fit placer deux dromadaires des plus légers à la course vers une porte secrète du palais ; il fit monter Zadig, qu'il fallut porter et qui était près de rendre l'âme. Un seul domestique l'accompagna ; et bientôt Cador, plongé dans l'étonnement et dans la douleur, perdit son ami de vue.

120 Cet illustre fugitif, arrivé sur le bord d'une colline dont[1] on voyait Babylone, tourna la vue sur le palais de la reine, et s'évanouit ; il ne reprit ses sens que pour verser des larmes et pour souhaiter la mort. Enfin, après s'être occupé de la destinée déplorable de la plus aimable des femmes et de la première reine du monde, il fit un moment[2] de retour sur lui-même et s'écria :

125 « Qu'est-ce donc que la vie humaine ? Ô vertu ! à quoi m'avez-vous servi ? Deux femmes m'ont indignement trompé, la troisième qui n'est point coupable, et qui est plus belle que les autres, va mourir ! Tout ce que j'ai fait de bien a toujours été pour moi une source de malédictions, et je n'ai été élevé au comble de la

130 grandeur que pour tomber dans le plus horrible précipice de l'infortune. Si j'eusse été méchant comme tant d'autres, je serais heureux comme eux. » Accablé de ces réflexions funestes, les yeux chargés du voile de la douleur, la pâleur de la mort sur le visage, et l'âme abîmée dans l'excès d'un sombre désespoir, il

135 continuait son voyage vers l'Égypte.

Peu importe la pureté des intentions, les conséquences restent les mêmes

notes

1. dont : d'où.
2. moment : l'édition de Kehl (1785) signale qu'il s'agit d'une erreur et qu'il faut lire « mouvement ».

chapitre neuvième

La Femme battue

Zadig dirigeait sa route sur les étoiles. La constellation d'Orion et le brillant astre de Sirius[1] le guidaient vers le pôle de Canope[2]. Il admirait ces vastes globes de lumière qui ne paraissent que de faibles étincelles à nos yeux, tandis que la Terre, qui n'est en effet[3] qu'un point imperceptible dans la nature, paraît à notre cupidité quelque chose de si grand et de si noble. Il se figurait alors les hommes tels qu'ils sont en effet, des insectes se dévorant les uns les autres sur un petit atome de boue. Cette image vraie semblait anéantir ses malheurs en lui retraçant le néant de son être et celui de Babylone. Son âme s'élançait jusque dans l'infini, et contemplait, détachée de ses sens, l'ordre immuable de l'univers. Mais lorsque ensuite, rendu à lui-même et rentrant dans son cœur, il pensait qu'Astarté était peut-être morte pour lui,

notes

1. Sirius : étoile très brillante.
2. Canope : dans l'hémisphère Sud, étoile qui indique le sud.

3. en effet : en réalité.

83

15 l'univers disparaissait à ses yeux, et il ne voyait dans la nature entière qu'Astarté mourante et Zadig infortuné.

Comme il se livrait à ce flux et à ce reflux de philosophie sublime et de douleur accablante, il avançait vers les frontières de l'Égypte ; et déjà son domestique fidèle était dans la première bourgade, où il lui cherchait un logement. Zadig cependant[1] se

20 promenait vers les jardins qui bordaient ce village. Il vit, non loin du grand chemin, une femme éplorée[2] qui appelait le Ciel et la Terre à son secours, et un homme furieux qui la suivait. Elle était déjà atteinte par lui, elle embrassait ses genoux. Cet homme l'accablait de coups et de reproches. Il jugea, à la violence de

25 l'Égyptien et aux pardons réitérés[3] que lui demandait la dame, que l'un était jaloux et l'autre une infidèle ; mais, quand il eut considéré cette femme, qui était d'une beauté touchante, et qui même ressemblait un peu à la malheureuse Astarté, il se sentit pénétré de compassion[4] pour elle et d'horreur pour l'Égyptien.

30 « Secourez-moi, s'écria-t-elle à Zadig avec des sanglots ; tirez-moi des mains du plus barbare des hommes, sauvez-moi la vie. »

À ces cris, Zadig courut se jeter entre elle et ce barbare. Il avait quelque connaissance de la langue égyptienne. Il lui dit en cette

35 langue : « Si vous avez quelque humanité[5], je vous conjure de respecter la beauté et la faiblesse. Pouvez-vous outrager ainsi un chef-d'œuvre de la nature, qui est à vos pieds, et qui n'a pour sa défense que des larmes ? – Ah ! ah ! lui dit cet emporté[6], tu l'aimes donc aussi ; et c'est de toi qu'il faut que je me venge. » En

40 disant ces paroles, il laisse la dame qu'il tenait d'une main par les cheveux ; et, prenant sa lance, il veut en percer l'étranger. Celui-ci, qui était de sang-froid, évita aisément le coup d'un furieux. Il se saisit de la lance près du fer dont elle est armée. L'un veut la retirer, l'autre l'arracher. Elle se brise entre leurs mains.

notes

1. cependant : pendant ce temps.
2. éplorée : en pleurs.
3. réitérés : répétés.
4. compassion : pitié.
5. humanité : sentiment humain.
6. emporté : homme en colère.

45 L'Égyptien tire son épée ; Zadig s'arme de la sienne. Ils s'attaquent l'un l'autre. Celui-ci porte cent coups précipités ; celui-là
les pare avec adresse. La dame, assise sur un gazon, rajuste sa
coiffure et les regarde. L'Égyptien était plus robuste que son
adversaire ; Zadig était plus adroit. Celui-ci se battait en homme

50 dont la tête conduisait le bras, et celui-là comme un emporté,
dont une colère aveugle guidait les mouvements au hasard. Zadig
passe à lui[1] et le désarme ; et, tandis que l'Égyptien, devenu plus
furieux, veut se jeter sur lui, il le saisit, le presse, le fait tomber en
lui tenant l'épée sur la poitrine ; il lui offre de lui donner la vie.

55 L'Égyptien, hors de lui, tire son poignard ; il en blesse Zadig dans
le temps même que le vainqueur lui pardonnait. Zadig, indigné,
lui plonge son épée dans le sein. L'Égyptien jette un cri horrible,
et meurt en se débattant.

Alors Zadig s'avança vers la dame, et lui dit d'une voix

60 soumise : « Il m'a forcé de le tuer : je vous ai vengée ; vous êtes
délivrée de l'homme le plus violent que j'aie jamais vu. Que
voulez-vous maintenant de moi, Madame ? – Que tu meures,
scélérat, lui répondit-elle, que tu meures ; tu as tué mon amant ;
je voudrais pouvoir déchirer ton cœur. – En vérité, Madame,

65 vous aviez là un étrange homme pour amant, lui répondit Zadig ;
il vous battait de toutes ses forces, et il voulait m'arracher la vie
parce que vous m'avez conjuré de vous secourir. – Je voudrais
qu'il me battît encore, reprit la dame en poussant des cris. Je le
méritais bien, je lui avais donné de la jalousie. Plût au Ciel qu'il

70 me battît, et que tu fusses à sa place ! » Zadig, plus surpris et plus
en colère qu'il ne l'avait été de sa vie, lui dit : « Madame, toute
belle que vous êtes, vous mériteriez que je vous battisse à mon
tour, tant vous êtes extravagante[2] ; mais je n'en prendrai pas la
peine. » Là-dessus, il remonta sur son chameau, et avança vers le

75 bourg. À peine avait-il fait quelques pas qu'il se retourne au bruit
que faisaient quatre courriers de Babylone. Ils venaient à toute

notes

1. **passe à lui** : se rapproche de son adversaire, après avoir évité son épée.

2. **extravagante** : excentrique ; excessive.

bride. L'un d'eux, en voyant cette femme, s'écria : « C'est elle-même ; elle ressemble au portrait qu'on nous en a fait. » Ils ne s'embarrassèrent pas du mort, et se saisirent incontinent[1] de la
80 dame. Elle ne cessait de crier à Zadig : « Secourez-moi encore une fois, étranger généreux ! je vous demande pardon de m'être plainte de vous. Secourez-moi, je suis à vous jusqu'au tombeau. » L'envie avait passé à Zadig de se battre désormais pour elle. « À d'autres ! répondit-il ; vous ne m'y attraperez plus. »

85   D'ailleurs il était blessé, son sang coulait, il avait besoin de secours ; et la vue des quatre Babyloniens, probablement envoyés par le roi Moabdar, le remplissait d'inquiétude. Il s'avance en hâte vers le village n'imaginant pas pourquoi quatre courriers de Babylone venaient prendre cette Égyptienne, mais encore plus
90 étonné du caractère de cette dame.

note

| 1. incontinent : immédiatement.

chapitre dixième

L'Esclavage

Comme il entrait dans la bourgade égyptienne, il se vit entouré par le peuple. Chacun criait : « Voilà celui qui a enlevé la belle Missouf, et qui vient d'assassiner Clétofis ! – Messieurs, dit-il, Dieu me préserve d'enlever jamais votre belle Missouf !
5 elle est trop capricieuse, et, à l'égard de Clétofis, je ne l'ai point assassiné, je me suis défendu seulement contre lui. Il voulait me tuer, parce que je lui avais demandé très humblement grâce pour la belle Missouf, qu'il battait impitoyablement. Je suis un étranger qui vient chercher un asile dans l'Égypte ; et il n'y a pas
10 d'apparence qu'en venant demander votre protection, j'aie commencé par enlever une femme, et par assassiner un homme. »

Les Égyptiens étaient alors[1] justes et humains. Le peuple conduisit Zadig à la maison de ville. On commença par le faire panser de sa blessure, et ensuite on l'interrogea, lui et son
15 domestique séparément, pour savoir la vérité. On reconnut que

note

1. alors : à cette époque-là.

Zadig n'était point un assassin ; mais il était coupable du sang d'un homme ; la loi le condamnait à être esclave. On vendit au profit de la bourgade ses deux chameaux ; on distribua aux habitants tout l'or qu'il avait apporté ; sa personne fut exposée en
20   vente dans la place publique, ainsi que celle de son compagnon de voyage. Un marchand arabe, nommé Sétoc[1], y mit l'enchère ; mais le valet, plus propre à la fatigue[2], fut vendu bien plus chèrement que le maître. On ne faisait pas de comparaison entre ces deux hommes. Zadig fut donc esclave subordonné à son
25   valet : on les attacha ensemble avec une chaîne qu'on leur passa aux pieds, et en cet état ils suivirent le marchand arabe dans sa maison. Zadig, en chemin, consolait son domestique et l'exhortait[3] à la patience ; mais, selon sa coutume, il faisait des réflexions sur la vie humaine. « Je vois, lui disait-il, que les malheurs de ma
30   destinée se répandent sur la tienne. Tout m'a tourné jusqu'ici d'une façon bien étrange. J'ai été condamné à l'amende pour avoir vu passer une chienne ; j'ai pensé être[4] empalé pour un griffon ; j'ai été envoyé au supplice parce que j'avais fait des vers à la louange du roi ; j'ai été sur le point d'être étranglé parce que
35   la reine avait des rubans jaunes ; et me voici esclave avec toi parce qu'un brutal a battu sa maîtresse. Allons, ne perdons point courage ; tout ceci finira peut-être ; il faut bien que les marchands arabes aient des esclaves ; et pourquoi ne le serais-je pas comme un autre, puisque je suis un homme comme un
40   autre ? Ce marchand ne sera pas impitoyable ; il faut qu'il traite bien ses esclaves, s'il en veut tirer des services. » Il parlait ainsi, et, dans le fond de son cœur, il était occupé du sort de la reine de Babylone.

notes

1. **Sétoc** : déformation d'un prénom sémitique signifiant « le Véridique ».
2. **propre à la fatigue** : capable d'endurer la fatigue.

3. **exhortait** : incitait.
4. **pensé être** : pensé que j'allais être.

Chapitre dixième

Sétoc, le marchand, partit deux jours après pour l'Arabie
45 déserte[1], avec ses esclaves et ses chameaux. Sa tribu habitait vers
le désert d'Horeb[2]. Le chemin fut long et pénible. Sétoc, dans la
route, faisait bien plus de cas du valet que du maître, parce que le
premier chargeait bien mieux les chameaux ; et toutes les petites
distinctions furent pour lui.

50 Un chameau mourut à deux journées d'Horeb ; on répartit sa
charge sur le dos de chacun des serviteurs ; Zadig en eut sa part.
Sétoc se mit à rire en voyant tous ses esclaves marcher courbés.
Zadig prit la liberté de lui en expliquer la raison, et lui apprit les
lois de l'équilibre. Le marchand, étonné, commença à le regarder
55 d'un autre œil. Zadig, voyant qu'il avait excité sa curiosité, la
redoubla en lui apprenant beaucoup de choses qui n'étaient point
étrangères à son commerce ; les pesanteurs spécifiques des
métaux et des denrées[3] sous un volume égal ; les propriétés de
plusieurs animaux utiles ; le moyen de rendre tels ceux qui ne
60 l'étaient pas ; enfin il lui parut un sage. Sétoc lui donna la
préférence sur son camarade qu'il avait tant estimé. Il le traita
bien, et n'eut pas sujet de s'en repentir.

Arrivé dans sa tribu, Sétoc commença par redemander cinq
cents onces d'argent à un Hébreu auquel il les avait prêtées en
65 présence de deux témoins ; mais ces deux témoins étaient morts,
et l'Hébreu, ne pouvant être convaincu[4], s'appropriait l'argent du
marchand, en remerciant Dieu de ce qu'Il lui avait donné le
moyen de tromper un Arabe. Sétoc confia sa peine à Zadig, qui
était devenu son conseil[5]. « En quel endroit, demanda Zadig,
70 prêtâtes-vous vos cinq cents onces à cet infidèle ? – Sur une large
pierre, répondit le marchand, qui est auprès du mont Horeb.
– Quel est le caractère de votre débiteur ? dit Zadig. – Celui d'un
fripon, reprit Sétoc. – Mais je vous demande si c'est un homme

notes

1. **déserte** : le nord de l'Arabie.
2. **Horeb** : mont du Sinaï où Moïse eut la vision
du buisson ardent.

3. **denrées** : marchandises.
4. **convaincu** : reconnu coupable.
5. **conseil** : conseiller.

vif ou flegmatique, avisé[1] ou imprudent. – C'est de tous les
mauvais payeurs, dit Sétoc, le plus vif que je connaisse. – Eh bien,
insista Zadig, permettez que je plaide votre cause devant le juge. »
En effet, il cita l'Hébreu au tribunal, et il parla ainsi au juge :
« Oreiller du trône d'équité[2], je viens redemander à cet homme,
au nom de mon maître, cinq cents onces d'argent, qu'il ne veut
pas rendre. – Avez-vous des témoins ? dit le juge. – Non, ils sont
morts ; mais il reste une large pierre sur laquelle l'argent fut
compté ; et, s'il plaît à Votre Grandeur d'ordonner qu'on aille
chercher la pierre, j'espère qu'elle portera témoignage ; nous
resterons ici, l'Hébreu et moi, en attendant que la pierre vienne ;
je l'enverrai chercher aux dépens de[3] Sétoc, mon maître. – Très
volontiers », répondit le juge. Et il se mit à expédier d'autres
affaires.

À la fin de l'audience : « Eh bien, dit-il à Zadig, votre pierre
n'est pas encore venue ? » L'Hébreu, en riant, répondit : « Votre
Grandeur resterait ici jusqu'à demain que la pierre ne serait pas
encore arrivée ; elle est à plus de six milles[4] d'ici, et il faudrait
quinze hommes pour la remuer. – Eh bien, s'écria Zadig, je vous
avais bien dit que la pierre porterait témoignage ; puisque cet
homme sait où elle est, il avoue donc que c'est sur elle que
l'argent fut compté. » L'Hébreu, déconcerté, fut bientôt
contraint de tout avouer. Le juge ordonna qu'il serait lié à la
pierre, sans boire ni manger, jusqu'à ce qu'il eût rendu les cinq
cents onces, qui furent bientôt payées.

L'esclave Zadig et la pierre furent en grande recommandation[5]
de l'Arabie.

notes
1. avisé : sage.
2. équité : sens de la justice.
3. aux dépens de : aux frais de.
4. six milles : environ 10 km.
5. recommandation : estime.

Chapitre onzième

Le Bûcher

Sétoc, enchanté, fit de son esclave son ami intime. Il ne pouvait pas plus se passer de lui qu'avait fait le roi de Babylone ; et Zadig fut heureux que Sétoc n'eût point de femme. Il découvrait dans son maître un naturel porté au bien, beaucoup

5 de droiture et de bon sens. Il fut fâché de voir qu'il adorait l'armée céleste, c'est-à-dire le Soleil, la Lune et les étoiles, selon l'ancien usage d'Arabie. Il lui en parlait quelquefois avec beaucoup de discrétion[1]. Enfin, il lui dit que c'étaient des corps comme les autres, qui ne méritaient pas plus son hommage qu'un arbre ou

10 un rocher. « Mais, disait Sétoc, ce sont des êtres éternels dont nous tirons tous nos avantages ; ils animent la nature ; ils règlent les saisons ; ils sont d'ailleurs si loin de nous qu'on ne peut pas s'empêcher de les révérer[2]. – Vous recevez plus d'avantages, répondit Zadig, des eaux de la mer Rouge, qui portent vos

15 marchandises aux Indes. Pourquoi ne serait-elle pas aussi

notes
_____

| 1. discrétion : prudence. | 2. révérer : honorer.

91

ancienne que vos étoiles ? Et, si vous adorez ce qui est éloigné de vous, vous devez adorer la terre des Gangarides[1] qui est aux extrémités du monde. – Non, disait Sétoc, les étoiles sont trop brillantes pour que je ne les adore pas. » Le soir venu, Zadig
20 alluma un grand nombre de flambeaux dans la tente où il devait souper avec Sétoc ; et, dès que son patron parut, il se jeta à genoux devant ces cires allumées, et leur dit : « Éternelles et brillantes clartés, soyez-moi toujours propices. » Ayant proféré ces paroles, il se mit à table sans regarder Sétoc. « Que faites-vous
25 donc ? lui dit Sétoc étonné. – Je fais comme vous, répondit Zadig ; j'adore ces chandelles, et je néglige leur maître et le mien. » Sétoc comprit le sens profond de cet apologue. La sagesse de son esclave entra dans son âme ; il ne prodigua plus son encens aux créatures, et adora l'Être éternel qui les a faites.
30   Il y avait alors dans l'Arabie une coutume affreuse, venue originairement de Scythie[2], et qui, s'étant établie dans les Indes par le crédit[3] des brahmanes[4], menaçait d'envahir tout l'Orient. Lorsqu'un homme marié était mort et que sa femme bien-aimée voulait être sainte, elle se brûlait en public sur le corps de son
35 mari. C'était une fête solennelle qui s'appelait *le Bûcher du veuvage*. La tribu dans laquelle il y avait eu le plus de femmes brûlées était la plus considérée. Un Arabe de la tribu de Sétoc étant mort, sa veuve, nommée Almona, qui était fort dévote[5], fit savoir le jour et l'heure où elle se jetterait dans le feu au son des tambours et des
40 trompettes. Zadig remontra à Sétoc combien cette horrible coutume était contraire au bien du genre humain ; qu'on laissait brûler tous les jours de jeunes veuves qui pouvaient donner des enfants à l'État, ou du moins élever les leurs ; et il le fit convenir qu'il fallait, si on pouvait, abolir un usage si barbare. Sétoc
45 répondit : « Il y a plus de mille ans que les femmes sont en

notes

1. Gangarides : ceux qui vivent à l'est du Gange.
2. Scythie : au nord de la mer Noire.
3. crédit : autorité morale.

4. brahmanes : prêtres, caste la plus élevée chez les hindous.
5. dévote : respectueuse de la religion.

possession de[1] se brûler. Qui de nous osera changer une loi que le temps a consacrée ? Y a-t-il rien de plus respectable qu'un ancien abus ? – La raison est plus ancienne, reprit Zadig. Parlez aux chefs des tribus et je vais trouver la jeune veuve. »

50 Il se fit présenter à elle ; et, après s'être insinué dans son esprit[2] par des louanges sur sa beauté, après lui avoir dit combien c'était dommage de mettre au feu tant de charmes, il la loua encore sur sa constance[3] et sur son courage. « Vous aimiez donc prodigieusement votre mari ? lui dit-il. – Moi ? Point du tout, répondit la
55 dame arabe. C'était un brutal, un jaloux, un homme insupportable ; mais je suis fermement résolue de me jeter sur son bûcher. – Il faut, dit Zadig, qu'il y ait apparemment un plaisir bien délicieux à être brûlée vive. – Ah ! cela fait frémir la nature, dit la dame ; mais il faut en passer par là. Je suis dévote ; je serais perdue
60 de réputation, et tout le monde se moquerait de moi, si je ne me brûlais pas. » Zadig, l'ayant fait convenir qu'elle se brûlait pour les autres, et par vanité, lui parla longtemps d'une manière à lui faire aimer un peu la vie, et parvint même à lui inspirer quelque bienveillance pour celui qui lui parlait. « Que feriez-vous enfin,
65 lui dit-il, si la vanité de vous brûler ne vous tenait pas ? – Hélas ! dit la dame, je crois que je vous prierais de m'épouser. »

Zadig était trop rempli de l'idée d'Astarté pour ne pas éluder[4] cette déclaration ; mais il alla dans l'instant trouver les chefs des tribus, leur dit ce qui s'était passé, et leur conseilla de faire une loi
70 par laquelle il ne serait permis à une veuve de se brûler qu'après avoir entretenu un jeune homme, tête à tête, pendant une heure entière. Depuis ce temps, aucune dame ne se brûla en Arabie. On eut au seul Zadig l'obligation d'avoir détruit en un jour une coutume si cruelle, qui durait depuis tant de siècles. Il était donc
75 le bienfaiteur de l'Arabie.

---

notes

1. sont en possession de : ont l'habitude de.
2. s'être insinué dans son esprit : avoir obtenu sa confiance.
3. la loua encore sur sa constance : loua encore sa fidélité.
4. éluder : éviter.

Le Souper

S étoc, qui ne pouvait se séparer de cet homme en qui habitait la
sagesse[1], le mena à la grande foire de Balzora[2], où devaient se
rendre les plus grands négociants de la terre habitable. Ce fut pour
Zadig une consolation sensible de voir tant d'hommes de diverses
5 contrées réunis dans la même place. Il lui paraissait que l'univers
était une grande famille qui se rassemblait à Balzora. Il se trouva à
table, dès le second jour, avec un Égyptien, un Indien gangaride,
un habitant du Cathay[3], un Grec, un Celte, et plusieurs autres
étrangers qui, dans leurs fréquents voyages vers le golfe Arabique[4],
10 avaient appris assez d'arabe pour se faire entendre. L'Égyptien
paraissait fort en colère. « Quel abominable pays que Balzora !
disait-il ; on m'y refuse mille onces d'or sur le meilleur effet du
monde[5]. – Comment donc ! dit Sétoc ; sur quel effet a-t-on refusé

notes
....

1. en qui habitait la sagesse : style biblique.
2. Balzora : Bassora, port de l'actuel Irak, sur le
golfe Persique.
3. Cathay : la Chine.

4. golfe Arabique : mer Rouge.
5. le meilleur effet du monde : ici, qui peut
être sérieusement laissé en gage.

cette somme ? – Sur le corps de ma tante, répondit l'Égyptien ;
15 c'était la plus brave femme d'Égypte. Elle m'accompagnait
toujours ; elle est morte en chemin : j'en ai fait une des plus belles
momies que nous ayons ; et je trouverais dans mon pays tout ce
que je voulais en la mettant en gage. Il est bien étrange qu'on ne
veuille pas seulement me donner ici mille onces d'or sur un effet si
20 solide. » Tout en se courrouçant[1], il était prêt de[2] manger d'une
excellente poule bouillie, quand l'Indien, le prenant par la main,
s'écria avec douleur : « Ah ! qu'allez-vous faire ? – Manger de
cette poule, dit l'homme à la momie. – Gardez-vous-en bien, dit
le Gangaride. Il se pourrait faire que l'âme de la défunte fût passée
25 dans le corps de cette poule, et vous ne voudriez pas vous exposer
à manger votre tante. Faire cuire des poules, c'est outrager
manifestement la nature. – Que voulez-vous dire avec votre
nature et vos poules ? reprit le colérique Égyptien ; nous adorons
un bœuf[3], et nous en mangeons bien. – Vous adorez un bœuf !
30 est-ce possible ? dit l'homme du Gange. – Il n'y a rien de si
possible, repartit l'autre ; il y a cent trente-cinq mille ans que nous
en usons ainsi ; et personne parmi nous n'y trouve à redire. – Ah !
cent trente-cinq mille ans ! dit l'Indien, ce compte est un peu
exagéré ; il n'y en a que quatre-vingt mille que l'Inde est peuplée,
35 et assurément nous sommes vos anciens ; et Brahma[4] nous avait
défendu de manger des bœufs avant que vous vous fussiez avisés de
les mettre sur les autels et à la broche. – Voilà un plaisant animal
que votre Brahma, pour le comparer à Apis ! dit l'Égyptien ; qu'a
donc fait votre Brahma de si beau ? » Le brahmin[5] répondit :
40 « C'est lui qui a appris aux hommes à lire et à écrire, et à qui toute
la Terre doit le jeu des échecs. – Vous vous trompez, dit un
Chaldéen qui était auprès de lui ; c'est le poisson Oannès[6] à qui on
doit de si grands bienfaits, et il est juste de ne rendre qu'à lui ses
hommages. Tout le monde vous dira que c'était un être divin,

notes

1. **se courrouçant** : se mettant en colère.
2. **prêt de** : sur le point de.
3. **bœuf** : le bœuf Apis.
4. **Brahma** : dieu des hindous.
5. **brahmin** : prêtre, personne de la caste la plus élevée chez les hindous.
6. **Oannès** : dieu chaldéen mi-homme, mi-poisson.

45 qu'il avait la queue dorée, avec une belle tête d'homme, et qu'il sortait de l'eau pour venir prêcher à terre trois heures par jour. Il eut plusieurs enfants, qui furent rois, comme chacun sait. J'ai son portrait sur moi, que je révère comme je le dois. On peut manger du bœuf tant qu'on veut ; mais c'est assurément une très grande

50 impiété de faire cuire du poisson ; d'ailleurs vous êtes tous deux d'une origine trop peu noble et trop récente pour me rien disputer[1]. La nation égyptienne ne compte que cent trente-cinq mille ans, et les Indiens ne se vantent que de quatre-vingt mille, tandis que nous avons des almanachs[2] de quatre mille siècles.

55 Croyez-moi, renoncez à vos folies, et je vous donnerai à chacun un beau portrait d'Oannès. »

L'homme de Cambalu[3], prenant la parole, dit : « Je respecte fort les Égyptiens, les Chaldéens, les Grecs, les Celtes, Brahma, le bœuf Apis, le beau poisson Oannès ; mais peut-être que le Li ou le

60 Tien[4], comme on voudra l'appeler, vaut bien les bœufs et les poissons. Je ne dirai rien de mon pays ; il est aussi grand que la terre d'Égypte, la Chaldée et les Indes ensemble. Je ne dispute pas d'antiquité, parce qu'il suffit d'être heureux, et que c'est fort peu de chose d'être ancien ; mais, s'il faut parler d'almanachs, je dirais

65 que toute l'Asie prend les nôtres, et que nous en avions de fort bons avant qu'on sût l'arithmétique en Chaldée. – Vous êtes de grands ignorants tous tant que vous êtes, s'écria le Grec ; est-ce que vous ne savez pas que le Chaos[5] est le père de tout, et que la forme et la matière ont mis le monde dans l'état où il est ? » Ce Grec parla

70 longtemps ; mais il fut enfin interrompu par le Celte, qui, ayant beaucoup bu pendant qu'on disputait, se crut alors plus savant que tous les autres, et dit en jurant qu'il n'y avait que Teutah[6] et le gui

notes

1. me rien disputer : me surpasser en quoi que ce soit.
2. almanachs : calendriers.
3. Cambalu : Pékin.
4. « *Mots chinois qui signifient proprement : Li, la lumière naturelle, la raison ; et Tien, le ciel ;*

et qui signifient aussi Dieu. » (Note de Voltaire.)
5. Chaos : selon les Grecs, état qui précède la création du monde.
6. Teutah : Teutatès, dieu gaulois (assimilé à Mercure).

96

de chêne[1] qui valussent la peine qu'on en parlât ; que, pour lui, il avait toujours du gui dans sa poche ; que les Scythes[2], ses ancêtres,

75 étaient les seuls gens de bien qui eussent jamais été au monde ; qu'ils avaient, à la vérité, quelquefois mangé des hommes, mais que cela n'empêchait pas qu'on ne dût avoir beaucoup de respect pour sa nation ; et qu'enfin, si quelqu'un parlait mal de Teutah, il lui apprendrait à vivre. La querelle s'échauffa pour lors, et Sétoc vit

80 le moment où la table allait être ensanglantée. Zadig, qui avait gardé le silence pendant toute la dispute, se leva enfin : il s'adressa d'abord au Celte, comme au plus furieux ; il lui dit qu'il avait raison, et lui demanda du gui ; il loua le Grec sur son éloquence, et adoucit tous les esprits échauffés. Il ne dit que très peu de chose

85 à l'homme du Cathay, parce qu'il avait été le plus raisonnable de tous. Ensuite il leur dit : « Mes amis, vous alliez vous quereller pour rien, car vous êtes du même avis. » À ce mot, ils se récrièrent[3] tous. « N'est-il pas vrai, dit-il au Celte, que vous n'adorez pas ce gui, mais celui qui a fait le gui et le chêne ? – Assurément, répondit

90 le Celte. – Et vous, monsieur l'Égyptien, vous révérez apparemment dans un certain bœuf celui qui vous a donné les bœufs ? – Oui, dit l'Égyptien. – Le poisson Oannès, continua-t-il, doit céder à celui qui a fait la mer et les poissons. – D'accord, dit le Chaldéen. – L'Indien, ajouta-t-il, et le Cathayen reconnaissent

95 comme vous un premier principe ; je n'ai pas trop bien compris les choses admirables que le Grec a dites, mais je suis sûr qu'il admet aussi un Être supérieur, de qui la forme et la matière dépendent. » Le Grec, qu'on admirait, dit que Zadig avait très bien pris sa pensée. « Vous êtes donc tous de même avis, répliqua Zadig, et il

100 n'y a pas là de quoi se quereller. » Tout le monde l'embrassa. Sétoc, après avoir vendu fort cher ses denrées[4], reconduisit son ami Zadig dans sa tribu. Zadig apprit en arrivant qu'on lui avait fait son procès en son absence et qu'il allait être brûlé à petit feu.

notes

1. **gui de chêne** : gui qui pousse sur le chêne, élément important dans les rites celtes.
2. **Scythes** : peuple vivant au nord de la mer Noire.

3. **se récrièrent** : protestèrent.
4. **denrées** : marchandises.

Chapitre treizième

Les Rendez-vous

Pendant son voyage à Balzora les prêtres des étoiles avaient résolu de le punir. Les pierreries et les ornements des jeunes veuves qu'ils envoyaient au bûcher leur appartenaient de droit ; c'était bien le moins qu'ils fissent brûler Zadig pour le mauvais
5 tour qu'il leur avait joué. Ils accusèrent donc Zadig d'avoir des sentiments erronés[1] sur l'armée céleste ; ils déposèrent[2] contre lui, et jurèrent qu'ils lui avaient entendu dire que les étoiles ne se couchaient pas dans la mer. Ce blasphème[3] effroyable fit frémir les juges ; ils furent prêts à déchirer leurs vêtements quand ils
10 ouïrent[4] ces paroles impies[5] et ils l'auraient fait sans doute, si Zadig avait eu de quoi les payer. Mais, dans l'excès de leur douleur, ils se contentèrent de le condamner à être brûlé à petit feu. Sétoc, désespéré, employa en vain son crédit pour sauver son ami ; il fut bientôt obligé de se taire. La jeune veuve Almona, qui

notes

1. **erronés** : faux.
2. **déposèrent** : témoignèrent.
3. **blasphème** : parole qui outrage la religion.
4. **ouïrent** : entendirent.
5. **impies** : contraires à la religion.

15 avait pris beaucoup de goût à la vie et qui en avait obligation à Zadig, résolut de le tirer du bûcher, dont il lui avait fait connaître l'abus. Elle roula son dessein[1] dans sa tête, sans en parler à personne. Zadig devait être exécuté le lendemain ; elle n'avait que la nuit pour le sauver : voici comme elle s'y prit, en femme

20 charitable et prudente.

Elle se parfuma, elle releva sa beauté par l'ajustement le plus riche et le plus galant, et alla demander une audience secrète au chef des prêtres des Étoiles. Quand elle fut devant ce vieillard vénérable, elle lui parla en ces termes : « Fils aîné de la Grande

25 Ourse, frère du Taureau, cousin du Grand Chien (c'étaient les titres de ce pontife[2]), je viens vous confier mes scrupules. J'ai bien peur d'avoir commis un péché énorme en ne me brûlant pas dans le bûcher de mon cher mari. En effet, qu'avais-je à conserver ? une chair périssable, et qui est déjà toute flétrie. » En disant ces

30 paroles, elle tira de ses longues manches de soie ses bras nus, d'une forme admirable et d'une blancheur éblouissante. « Vous voyez, dit-elle, le peu que cela vaut. » Le pontife trouva dans son cœur que cela valait beaucoup. Ses yeux le dirent, et sa bouche le confirma : il jura qu'il n'avait vu de sa vie de si beaux bras.

35 « Hélas ! lui dit la veuve, les bras peuvent être un peu moins mal que le reste ; mais vous m'avouerez que la gorge n'était pas digne de mes attentions. » Alors elle laissa voir le sein le plus charmant que la nature eût jamais formé. Un bouton de rose sur une pomme d'ivoire n'eût paru auprès que de la garance[3] sur du buis,

40 et les agneaux sortant du lavoir auraient semblé d'un jaune brun. Cette gorge, ses grands yeux noirs qui languissaient en brillant doucement d'un feu tendre, ses joues animées de la plus belle pourpre mêlée au blanc de lait le plus pur, son nez, qui n'était pas comme la tour du mont Liban, ses lèvres, qui étaient comme

45 deux bordures de corail renfermant les plus belles perles de la mer d'Arabie, tout cela ensemble fit croire au vieillard qu'il avait vingt

notes

1. **roula son dessein** : mit au point son projet.
2. **pontife** : grand prêtre.

3. **garance** : plante grimpante qui produit un colorant rouge orangé.

ans. Il fit en bégayant une déclaration tendre. Almona, le voyant enflammé, lui demanda la grâce de Zadig. « Hélas ! dit-il, ma belle dame, quand je vous accorderais sa grâce, mon indulgence ne servirait de rien ; il faut qu'elle soit signée de trois autres de mes confrères. – Signez toujours, dit Almona. – Volontiers, dit le prêtre, à condition que vos faveurs seront le prix de ma facilité. – Vous me faites trop d'honneur, dit Almona ; ayez seulement pour agréable de venir dans ma chambre après que le soleil sera couché, et dès que la brillante étoile Sheat[1] sera sur l'horizon. Vous me trouverez sur un sofa couleur de rose, et vous en userez comme vous pourrez avec votre servante. » Elle sortit alors emportant avec elle la signature, et laissa le vieillard plein d'amour et de défiance de ses forces. Il employa le reste du jour à se baigner ; il but une liqueur composée de la cannelle de Ceylan et des précieuses épices de Tidor et de Ternate[2], et attendit avec impatience que l'étoile Sheat vînt à paraître.

Cependant la belle Almona alla trouver le second pontife. Celui-ci l'assura que le Soleil, la Lune et tous les feux du firmament n'étaient que des feux follets en comparaison de ses charmes. Elle lui demanda la même grâce, et on lui proposa d'en donner le prix. Elle se laissa vaincre, et donna rendez-vous au second pontife au lever de l'étoile Algénib[3]. De là, elle passa chez le troisième et chez le quatrième prêtre, prenant toujours une signature et donnant un rendez-vous d'étoile en étoile. Alors elle fit avertir les juges de venir chez elle pour une affaire importante. Ils s'y rendirent : elle leur montra les quatre noms, et leur dit à quel prix les prêtres avaient vendu la grâce de Zadig. Chacun d'eux arriva à l'heure prescrite ; chacun fut bien étonné d'y trouver ses confrères, et plus encore d'y trouver les juges, devant qui leur honte fut manifestée. Zadig fut sauvé. Sétoc fut si charmé de l'habileté d'Almona qu'il en fit sa femme. [Zadig partit après s'être jeté aux pieds de sa belle libératrice. Sétoc et lui se

notes

1. **Sheat** : étoile de la constellation de Pégase.
2. **Tidor, Ternate** : villes d'Indonésie.
3. **Algénib** : étoile de la constellation de Pégase.

quittèrent en pleurant, en se jurant une amitié éternelle et en se
80 promettant que le premier des deux qui ferait une grande fortune
en ferait part[1] à l'autre.][2]

Zadig marcha du côté de la Syrie, toujours pensant à la
malheureuse Astarté, et toujours réfléchissant sur le sort qui
s'obstinait à se jouer de lui et à le persécuter. « Quoi ! disait-il,
85 quatre cents onces d'or pour avoir vu passer une chienne !
condamné à être décapité pour quatre mauvais vers à la louange
du roi ! prêt à être étranglé parce que la reine avait des babouches
de la couleur de mon bonnet ! réduit en esclavage pour avoir
secouru une femme qu'on battait ! et sur le point d'être brûlé
90 pour avoir sauvé la vie à toutes les jeunes veuves arabes ! »

---

notes

| **1. en ferait part :** en céderait une partie. | **2.** Ajout de la seconde édition de 1748.

Chapitre quatorzième

Le Brigand

En arrivant aux frontières qui séparent l'Arabie Pétrée de la Syrie, comme il passait près d'un château assez fort[1], des Arabes armés en sortirent. Il se vit entouré ; on lui criait : « Tout ce que vous avez nous appartient, et votre personne appartient à
5 notre maître. » Zadig pour réponse tira son épée ; son valet, qui avait du courage, en fit autant. Ils renversèrent morts les premiers Arabes qui mirent la main sur eux ; le nombre redoubla ; ils ne s'étonnèrent point, et résolurent de périr en combattant. On voyait deux hommes se défendre contre une multitude ; un tel
10 combat ne pouvait durer longtemps. Le maître du château, nommé Arbogad, ayant vu d'une fenêtre les prodiges de valeur que faisait Zadig, conçut de l'estime pour lui. Il descendit en hâte, et vint lui-même écarter ses gens et délivrer les deux voyageurs.
« Tout ce qui se passe sur mes terres est à moi, dit-il, aussi bien
15 que ce que je trouve sur les terres des autres ; mais vous me

note
| **1. fort** : fortifié.

102

paraissez un si brave[1] homme que je vous exempte[2] de la loi commune. » Il le fit entrer dans son château, ordonnant à ses gens de le bien traiter, et, le soir, Arbogad voulut souper avec Zadig.

20 Le seigneur du château était un de ces Arabes qu'on appelle *voleurs* ; mais il faisait quelquefois de bonnes actions parmi une foule de mauvaises ; il volait avec une rapacité furieuse, et donnait libéralement[3] ; intrépide dans l'action, assez doux dans le commerce[4], débauché à table, gai dans la débauche, et surtout plein de franchise. Zadig lui plut beaucoup ; sa conversation, qui
25 s'anima, fit durer le repas ; enfin Arbogad lui dit : « Je vous conseille de vous enrôler sous moi[5] ; vous ne sauriez mieux faire ; ce métier-ci n'est pas mauvais ; vous pourrez un jour devenir ce que je suis. — Puis-je vous demander, dit Zadig, depuis quel temps vous exercez cette noble profession ? — Dès ma plus tendre
30 jeunesse, reprit le seigneur. J'étais valet d'un Arabe assez habile ; ma situation m'était insupportable. J'étais au désespoir de voir que dans toute la Terre, qui appartient également aux hommes, la destinée ne m'eût pas réservé ma portion. Je confiai mes peines à un vieil Arabe, qui me dit : "Mon fils, ne désespérez pas : il y
35 avait autrefois un grain de sable qui se lamentait d'être un atome ignoré dans les déserts ; au bout de quelques années il devint diamant, et il est à présent le plus bel ornement du roi des Indes." Ce discours me fit impression ; j'étais le grain de sable, je résolus de devenir diamant. Je commençai par voler deux chevaux ; je
40 m'associai des camarades ; je me mis en état de voler de petites caravanes ; ainsi je fis cesser peu à peu la disproportion qui était d'abord entre les hommes et moi. J'eus ma part aux biens de ce monde, et je fus même dédommagé avec usure[6] : on me considéra beaucoup ; je devins seigneur brigand, j'acquis ce château
45 par voie de fait[7]. Le satrape de Syrie voulut m'en déposséder ; mais j'étais déjà trop riche pour avoir rien à craindre : je donnai

notes

1. brave : courageux.	**5. vous enrôler sous moi** : vous engager dans mon armée.
2. exempte : dispense.	
3. libéralement : généreusement.	**6. avec usure** : avec des intérêts.
4. le commerce : les relations avec les autres.	**7. par voie de fait** : par la force.

de l'argent au satrape, moyennant quoi je conservai ce château, et j'agrandis mes domaines ; il me nomma même trésorier des tributs que l'Arabie Pétrée payait au roi des rois. Je fis ma charge de
50 receveur, et point du tout celle de payeur. Le grand desterham de Babylone envoya ici, au nom du roi Moabdar, un petit satrape pour me faire étrangler. Cet homme arriva avec son ordre : j'étais instruit de tout ; je fis étrangler en sa présence les quatre personnes qu'il avait amenées avec lui pour serrer le lacet ; après
55 quoi je lui demandai ce que pouvait lui valoir la commission de m'étrangler. Il me répondit que ses honoraires pouvaient aller à trois cents pièces d'or. Je lui fis voir clair qu'il y aurait plus à gagner avec moi. Je le fis sous-brigand ; il est aujourd'hui un de mes meilleurs officiers, et des plus riches. Si vous m'en croyez,
60 vous réussirez comme lui. Jamais la saison de voler n'a été meilleure, depuis que Moabdar est tué et que tout est en confusion dans Babylone. – Moabdar est tué ! dit Zadig, et qu'est devenue la reine Astarté ? – Je n'en sais rien, reprit Arbogad. Tout ce que je sais, c'est que Moabdar est devenu fou, qu'il a été
65 tué, que Babylone est un grand coupe-gorge, que tout l'Empire est désolé, qu'il y a de beaux coups à faire encore, et que pour ma part j'en ai fait d'admirables. – Mais la reine ? dit Zadig ; de grâce, ne savez-vous rien de la destinée de la reine ? – On m'a parlé d'un prince d'Hyrcanie, reprit-il ; elle est probablement parmi ses
70 concubines, si elle n'a pas été tuée dans le tumulte ; mais je suis plus curieux de butin que de nouvelles. J'ai pris plusieurs femmes dans mes courses[1] ; je n'en garde aucune ; je les vends cher quand elles sont belles, sans m'informer de ce qu'elles sont. On n'achète point le rang ; une reine qui serait laide ne trouverait pas
75 marchand[2] : peut-être ai-je vendu la reine Astarté, peut-être est-elle morte ; mais peu m'importe, et je pense que vous ne devez pas vous en soucier plus que moi. » En parlant ainsi il

notes
....

| 1. **courses** : expéditions, razzias. | 2. **marchand** : acquéreur.

buvait avec tant de courage, il confondait tellement toutes les idées, que Zadig n'en put tirer aucun éclaircissement.

80   Il restait interdit, accablé, immobile. Arbogad buvait toujours, faisait des contes, répétait sans cesse qu'il était le plus heureux de tous les hommes, exhortant[1] Zadig à se rendre aussi heureux que lui. Enfin, doucement assoupi par les fumées[2] du vin, il alla dormir d'un sommeil tranquille. Zadig passa la nuit dans l'agita-
85 tion la plus violente. « Quoi ! disait-il, le roi est devenu fou ! il est tué ! Je ne peux m'empêcher de le plaindre. L'Empire est déchiré, et ce brigand est heureux. Ô fortune ! ô destinée ! un voleur est heureux et ce que la nature a fait de plus aimable a péri peut-être d'une manière affreuse, ou vit dans un état pire que la
90 mort. Ô Astarté ! qu'êtes-vous devenue ? »

    Dès le point du jour, il interrogea tous ceux qu'il rencontrait dans le château ; mais tout le monde était occupé, personne ne lui répondit : on avait fait pendant la nuit de nouvelles conquêtes, on partageait les dépouilles. Tout ce qu'il put obtenir dans cette
95 confusion tumultueuse, ce fut la permission de partir. Il en profita sans parler, plus abîmé[3] que jamais dans ses réflexions doulou-reuses.

    Zadig marchait inquiet, agité, l'esprit tout occupé de la malheureuse Astarté, du roi de Babylone, de son fidèle Cador, de
100 l'heureux brigand Arbogad, de cette femme si capricieuse que des Babyloniens avaient enlevée sur les confins de l'Égypte ; enfin de tous les contretemps et de toutes les infortunes qu'il avait éprouvés.

notes

| 1. **exhortant** : incitant fortement. | 3. **abîmé** : perdu, plongé. |
| 2. **fumées** : effets. | |

Le Pêcheur

À quelques lieues du château d'Arbogad, il se trouva sur le bord d'une petite rivière, toujours déplorant[1] sa destinée et se regardant comme le modèle du malheur. Il vit un pêcheur couché sur la rive, tenant à peine[2] d'une main languissante son filet, qu'il semblait abandonner, levant les yeux vers le ciel.

« Je suis certainement le plus malheureux de tous les hommes, disait le pêcheur. J'ai été, de l'aveu de tout le monde, le plus célèbre marchand de fromages à la crème dans Babylone, et j'ai été ruiné. J'avais la plus jolie femme qu'homme de ma sorte pût posséder, et j'en ai été trahi. Il me restait une chétive[3] maison, je l'ai vue pillée et détruite. Réfugié dans une cabane, je n'ai de ressource que ma pêche, et je ne prends pas un poisson. Ô mon filet ! je ne te jetterai plus dans l'eau, c'est à moi de m'y jeter. » En disant ces mots il se lève, et s'avance dans l'attitude d'un homme qui allait se précipiter et finir sa vie.

notes
_____

1. **déplorant** : pleurant, regrettant.
2. **à peine** : difficilement.

3. **chétive** : pauvre.

106

Chapitre quinzième

« Eh quoi ! se dit Zadig à lui-même, il y a donc des hommes aussi malheureux que moi ! » L'ardeur de sauver la vie au pêcheur fut aussi prompte[1] que cette réflexion. Il court à lui, il l'arrête, il l'interroge d'un air attendri et consolant. On prétend qu'on est
20 moins malheureux quand on ne l'est pas seul. Mais, selon Zoroastre, ce n'est pas par malignité[2], c'est par besoin. On se sent alors entraîné vers un infortuné[3] comme vers son semblable. La joie d'un homme heureux serait une insulte ; mais deux malheureux sont comme deux arbrisseaux faibles qui, s'appuyant l'un sur
25 l'autre, se fortifient contre l'orage.

« Pourquoi succombez-vous à vos malheurs ? dit Zadig au pêcheur. – C'est, répondit-il, parce que je n'y vois pas de ressource. J'ai été le plus considéré du village de Derlback[4] auprès de Babylone, et je faisais, avec l'aide de ma femme, les meilleurs
30 fromages à la crème de l'Empire. La reine Astarté et le fameux ministre Zadig les aimaient passionnément. J'avais fourni à leur maison six cents fromages. J'allai un jour à la ville pour être payé ; j'appris, en arrivant dans Babylone, que la reine et Zadig avaient disparu. Je courus chez le seigneur Zadig, que je n'avais jamais
35 vu : je trouvai les archers du grand desterham, qui, munis d'un papier royal, pillaient sa maison loyalement[5] et avec ordre. Je volai aux cuisines de la reine : quelques-uns des seigneurs de la bouche me dirent qu'elle était morte ; d'autres dirent qu'elle était en prison ; d'autres prétendirent qu'elle avait pris la fuite ; mais
40 tous m'assurèrent qu'on ne me paierait point mes fromages. J'allai avec ma femme chez le seigneur Orcan, qui était une de mes pratiques[6] : nous lui demandâmes sa protection dans notre disgrâce ; il l'accorda à ma femme, et me la refusa. Elle était plus blanche que ses fromages à la crème, qui commencèrent mon
45 malheur ; et l'éclat de la pourpre[7] de Tyr[8] n'était pas plus brillant

notes

1. **prompte** : rapide.
2. **malignité** : méchanceté.
3. **infortuné** : personne malheureuse, victime du destin.
4. **Derlback** : nom inventé par Voltaire.

5. **loyalement** : légalement.
6. **une de mes pratiques** : un de mes clients.
7. **pourpre** : sorte de mollusque dont on tirait une substance rouge.
8. **Tyr** : ancien port de l'actuel Liban.

que l'incarnat[1] qui animait cette blancheur. C'est ce qui fit qu'Orcan la retint, et me chassa de sa maison. J'écrivis à ma chère femme la lettre d'un désespéré. Elle dit au porteur : "Ah, ah ! oui, je sais quel est l'homme qui m'écrit, j'en ai entendu parler : on dit
50 qu'il fait des fromages à la crème excellents ; qu'on m'en apporte, et qu'on les lui paie."

« Dans mon malheur, je voulus m'adresser à la justice. Il me restait six onces d'or : il fallut en donner deux onces à l'homme de loi que je consultai, deux au procureur qui entreprit mon
55 affaire, deux au secrétaire du premier juge. Quand tout cela fut fait, mon procès n'était pas encore commencé, et j'avais déjà dépensé plus d'argent que mes fromages et ma femme ne valaient. Je retournai à mon village dans l'intention de vendre ma maison pour avoir ma femme.

60 « Ma maison valait bien soixante onces d'or ; mais on me voyait pauvre et pressé de vendre. Le premier à qui je m'adressai m'en offrit trente onces, le second vingt, et le troisième dix. J'étais prêt enfin de conclure, tant j'étais aveuglé, lorsqu'un prince d'Hyrcanie vint à Babylone et ravagea tout sur son passage. Ma
65 maison fut d'abord saccagée et ensuite brûlée.

« Ayant ainsi perdu mon argent, ma femme et ma maison, je me suis retiré dans ce pays où vous me voyez. J'ai tâché de subsister du métier de pêcheur ; les poissons se moquent de moi comme les hommes. Je ne prends rien, je meurs de faim ; et, sans vous,
70 auguste consolateur, j'allais mourir dans la rivière. »

Le pêcheur ne fit point ce récit tout de suite[2] ; car à tout moment Zadig, ému et transporté, lui disait : « Quoi ! vous ne savez rien de la destinée de la reine ? – Non, Seigneur, répondait le pêcheur ; mais je sais que la reine et Zadig ne m'ont point payé
75 mes fromages à la crème, qu'on a pris ma femme, et que je suis au désespoir. – Je me flatte, dit Zadig, que vous ne perdrez pas tout votre argent. J'ai entendu parler de ce Zadig ; il est honnête

notes
_____

| 1. **incarnat** : rose vif. | 2. **tout de suite** : en une seule fois.

108

homme[1] ; et s'il retourne à Babylone, comme il l'espère, il vous
donnera plus qu'il ne vous doit ; mais pour votre femme, qui
80 n'est pas si honnête, je vous conseille de ne pas chercher à la
reprendre. Croyez-moi, allez à Babylone ; j'y serai avant vous,
parce que je suis à cheval et que vous êtes à pied. Adressez-vous
à l'illustre Cador ; dites-lui que vous avez rencontré son ami ;
attendez-moi chez lui. Allez ; peut-être ne serez-vous pas
85 toujours malheureux.

« Ô puissant Orosmade ! continua-t-il, vous vous servez de
moi pour consoler cet homme, de qui vous servirez-vous pour
me consoler ? » En parlant ainsi il donnait au pêcheur la moitié de
tout l'argent qu'il avait apporté d'Arabie, et le pêcheur, confondu
90 et ravi, baisait les pieds de l'ami de Cador, et disait : « Vous êtes
un ange sauveur. »

Cependant Zadig demandait toujours des nouvelles et versait
des larmes. « Quoi ! Seigneur, s'écria le pêcheur, vous seriez donc
aussi malheureux, vous qui faites du bien ? – Plus malheureux
95 que toi cent fois, répondait Zadig. – Mais comment se peut-il
faire, disait le bonhomme[2], que celui qui donne soit le plus à
plaindre que celui qui reçoit ? – C'est que ton plus grand
malheur, reprit Zadig, était le besoin, et que je suis infortuné par
le cœur. – Orcan vous aurait-il pris votre femme ? » dit le
100 pêcheur. Ce mot rappela dans l'esprit de Zadig toutes ses aventures : il répétait la liste de ses infortunes, à commencer depuis la
chienne de la reine jusqu'à son arrivée chez le brigand Arbogad.
« Ah ! dit-il au pêcheur, Orcan mérite d'être puni. Mais d'ordinaire ce sont ces gens-là qui sont les favoris de la destinée. Quoi
105 qu'il en soit, va chez le seigneur Cador, et attends-moi. » Ils se
séparèrent : le pêcheur marcha en remerciant son destin, et Zadig
courut en accusant toujours le sien.

---

notes

| **1. honnête homme** : raisonnable. | **2. bonhomme** : homme brave et simple. |

chapitre seizième

Le Basilic[1]

Arrivé dans une belle prairie, il y vit plusieurs femmes qui cherchaient quelque chose avec beaucoup d'application. Il prit la liberté de s'approcher de l'une d'elles et de lui demander s'il pouvait avoir l'honneur de les aider dans leurs recherches. « Gardez-vous-en bien, répondit la Syrienne ; ce que nous cherchons ne peut être touché que par des femmes. – Voilà qui est bien étrange, dit Zadig ; oserai-je vous prier de m'apprendre ce que c'est qu'il n'est permis qu'aux femmes de toucher ? – C'est un basilic, dit-elle. – Un basilic, madame ? et pour quelle raison, s'il vous plaît, cherchez-vous un basilic ? – C'est pour notre seigneur et maître Ogul, dont vous voyez le château sur le bord de cette rivière, au bout de la prairie. Nous sommes ses très humbles esclaves ; le seigneur Ogul est malade ; son médecin lui a ordonné de manger un basilic cuit dans l'eau de rose[2], et comme

notes

1. Basilic : serpent légendaire dont le regard était mortel pour les hommes mais pas pour les femmes.

2. eau de rose : eau de toilette à base d'alcool de rose.

15 c'est un animal fort rare, qui ne se laisse jamais prendre que par des femmes, le seigneur Ogul a promis de choisir pour sa femme bien-aimée celle de nous qui lui apporterait un basilic : laissez-moi chercher, s'il vous plaît, car vous voyez ce qu'il m'en coûterait si j'étais prévenue[1] par mes compagnes. »

20 Zadig laissa cette Syrienne et les autres chercher leur basilic, et continua de marcher dans la prairie. Quand il fut au bord d'un petit ruisseau, il y trouva une autre dame couchée sur le gazon, et qui ne cherchait rien. Sa taille paraissait majestueuse, mais son visage était couvert d'un voile. Elle était penchée vers le ruisseau ;

25 de profonds soupirs sortaient de sa bouche. Elle tenait en main une petite baguette, avec laquelle elle traçait des caractères sur un sable fin qui se trouvait entre le gazon et le ruisseau. Zadig eut la curiosité de voir ce que cette femme écrivait ; il s'approcha. Il vit la lettre Z, puis un A ; il fut étonné ; puis parut un D ; il tressaillit.

30 Jamais surprise ne fut égale à la sienne quand il vit les deux dernières lettres de son nom. Il demeura quelque temps immobile ; enfin, rompant le silence d'une voix entrecoupée : « Ô généreuse[2] dame ! pardonnez à un étranger, à un infortuné, d'oser vous demander par quelle aventure étonnante je trouve ici

35 le nom de ZADIG tracé de votre main divine. » À cette voix, à ces paroles, la dame releva son voile d'une main tremblante, regarda Zadig, jeta un cri d'attendrissement, de surprise et de joie, et, succombant sous tous les mouvements divers qui assaillaient à la fois son âme, elle tomba évanouie entre ses bras. C'était Astarté

40 elle-même, c'était la reine de Babylone, c'était elle dont il avait tant pleuré et tant craint la destinée. Il fut un moment privé de l'usage de ses sens ; et quand il eut attaché ses regards sur les yeux d'Astarté, qui se rouvraient avec une langueur mêlée de confusion et de tendresse : « Ô puissances immortelles ! s'écria-t-il, qui

45 présidez aux destins des faibles humains, me rendez-vous Astarté ? En quel temps, en quels lieux, en quel état la revois-

passage analysé

notes

| 1. prévenue : devancée. | 2. généreuse : de naissance noble. |

111

je ! » Il se jeta à genoux devant Astarté, et il attacha son front à la poussière de ses pieds. La reine de Babylone le relève, et le fait asseoir auprès d'elle sur le bord de ce ruisseau ; elle essuyait à plusieurs reprises ses yeux dont les larmes recommençaient toujours à couler. Elle reprenait vingt fois des discours que ses gémissements interrompaient ; elle l'interrogeait sur le hasard qui les rassemblait, et prévenait[1] soudain ses réponses par d'autres questions. Elle entamait le récit de ses malheurs, et voulait savoir ceux de Zadig. Enfin tous deux ayant un peu apaisé le tumulte de leurs âmes, Zadig lui conta en peu de mots par quelle aventure il se trouvait dans cette prairie.

« Mais, ô malheureuse et respectable reine ! comment vous retrouvé-je en ce lieu écarté, vêtue en esclave, et accompagnée d'autres femmes esclaves qui cherchent un basilic pour le faire cuire dans de l'eau de rose par ordonnance du médecin ?

– Pendant qu'elles cherchent leur basilic, dit la belle Astarté, je vais vous apprendre tout ce que je pardonne au Ciel depuis que je vous revois. Vous savez que le roi mon mari trouva mauvais que vous fussiez le plus aimable de tous les hommes ; et ce fut pour cette raison qu'il prit une nuit la résolution de vous faire étrangler et de m'empoisonner. Vous savez comme[2] le Ciel permit que mon petit muet m'avertît de l'ordre de Sa Sublime Majesté. À peine le fidèle Cador vous eut-il forcé de m'obéir et de partir qu'il osa entrer chez moi au milieu de la nuit par une issue secrète. Il m'enleva, et me conduisit dans le temple d'Orosmade, où le mage, son frère, m'enferma dans une statue colossale dont la base touche aux fondements du temple et dont la tête atteint la voûte. Je fus là comme ensevelie, mais servie par le mage et ne manquant d'aucune chose nécessaire. Cependant, au point du jour, l'apothicaire[3] de Sa Majesté entra dans ma chambre avec une potion mêlée de jusquiame, d'opium, de ciguë, d'ellébore

passage analysé

notes
....

| 1. prévenait : devançait. | 3. apothicaire : pharmacien. |
| 2. comme : comment. | |

noir et d'aconit[1] ; et un autre officier alla chez vous avec un lacet de soie bleue. On ne trouva personne. Cador, pour mieux tromper le roi, feignit de venir nous accuser tous deux. Il dit que vous aviez pris la route des Indes, et moi celle de Memphis : on envoya des satellites après vous et après moi.

« Les courriers qui me cherchaient ne me connaissaient pas. Je n'avais presque jamais montré mon visage qu'à vous seul, en présence et par ordre de mon époux[2]. Ils coururent à ma poursuite, sur le portrait qu'on leur faisait de ma personne : une femme de la même taille que moi, et qui peut-être avait plus de charmes, s'offrit à leurs regards sur les frontières de l'Égypte. Elle était éplorée, errante. Ils ne doutèrent pas que cette femme ne fût la reine de Babylone ; ils la menèrent à Moabdar. Leur méprise fit entrer d'abord le roi dans une violente colère ; mais bientôt ayant considéré de plus près cette femme, il la trouva très belle, et fut consolé. On l'appelait Missouf. On m'a dit depuis que ce nom signifie en langue égyptienne *la Belle Capricieuse*. Elle l'était en effet ; mais elle avait autant d'art que de caprice. Elle plut à Moabdar. Elle le subjugua au point de se faire déclarer sa femme. Alors son caractère se développa tout entier ; elle se livra sans crainte à toutes les folies de son imagination. Elle voulut obliger le chef des mages, qui était vieux et goutteux[3], de danser devant elle ; et, sur le refus du mage, elle le persécuta violemment. Elle ordonna à son grand écuyer de lui faire une tourte de confitures. Le grand écuyer eut beau lui représenter qu'il n'était point pâtissier, il fallut qu'il fît la tourte ; et on le chassa parce qu'elle était trop brûlée. Elle donna la charge de grand écuyer à son nain, et la place de chancelier à un page. C'est ainsi qu'elle gouverna Babylone. Tout le monde me regrettait. Le roi, qui avait été assez honnête homme jusqu'au moment où il avait voulu m'empoisonner et vous faire étrangler, semblait avoir noyé ses vertus dans

passage analysé

notes

1. jusquiame, [...] aconit : plantes d'où l'on tire des poisons.
2. *Cf.* chap. 8.

3. goutteux : atteint de la goutte, un rhumatisme qui atteint le pied.

113

l'amour prodigieux qu'il avait pour la Belle Capricieuse. Il vint
110 au temple le grand jour du feu sacré. Je le vis implorer les dieux
pour Missouf aux pieds de la statue où j'étais renfermée. J'élevai
la voix ; je lui criai : "Les dieux refusent les vœux d'un roi devenu
tyran, qui a voulu faire mourir une femme raisonnable pour
épouser une extravagante." Moabdar fut confondu de ces paroles
115 au point que sa tête se troubla. L'oracle que j'avais rendu et la
tyrannie de Missouf suffisaient pour lui faire perdre le jugement.
Il devint fou en peu de jours.

« Sa folie, qui parut un châtiment du Ciel, fut le signal de la
révolte. On se souleva, on courut aux armes. Babylone, si
120 longtemps plongée dans une mollesse oisive, devint le théâtre
d'une guerre civile affreuse. On me tira du creux de ma statue, et
on me mit à la tête d'un parti. Cador courut à Memphis pour
vous ramener à Babylone. Le prince d'Hyrcanie, apprenant ces
funestes nouvelles, revint avec son armée faire un troisième parti
125 dans la Chaldée. Il attaqua le roi, qui courut au-devant de lui avec
son extravagante Égyptienne. Moabdar mourut percé de coups.
Missouf tomba aux mains des vainqueurs. Mon malheur voulut
que je fusse prise moi-même par un parti hyrcanien, et qu'on me
menât devant le prince précisément dans le temps qu'on lui
130 amenait Missouf. Vous serez flatté, sans doute, en apprenant que
le prince me trouva plus belle que l'Égyptienne ; mais vous serez
fâché d'apprendre qu'il me destina à son sérail. Il me dit fort
résolument que, dès qu'il aurait fini une expédition militaire qu'il
allait exécuter, il viendrait à moi. Jugez de ma douleur. Mes liens
135 avec Moabdar étaient rompus, je pouvais être à Zadig ; et je
tombais dans les chaînes de ce barbare. Je lui répondis avec toute
la fierté que me donnaient mon rang et mes sentiments. J'avais
toujours entendu que le Ciel attachait aux personnes de ma sorte
un caractère de grandeur qui, d'un mot et d'un coup d'œil, faisait
140 rentrer dans l'abaissement du plus profond respect les téméraires
qui osaient s'en écarter. Je parlai en reine ; mais je fus traitée
en demoiselle suivante. L'Hyrcanien, sans daigner seulement
m'adresser la parole, dit à son eunuque noir que j'étais une

passage analysé

impertinente, mais qu'il me trouvait jolie. Il lui ordonna d'avoir
145 soin de moi, et de me mettre au régime des favorites, afin de me
rafraîchir le teint et de me rendre plus digne de ses faveurs pour
le jour où il aurait la commodité de m'en honorer. Je lui dis que
je me tuerais ; il répliqua en riant qu'on ne se tuait point, qu'il
était fait à ces façons-là, et me quitta comme un homme qui vient
150 de mettre un perroquet dans sa ménagerie[1]. Quel état pour la
première reine de l'univers, et, je dirai plus, pour un cœur qui
était à Zadig ! »

À ces paroles, il se jeta à ses genoux et les baigna de larmes.
Astarté le releva tendrement, et elle continua ainsi : « Je me
155 voyais au pouvoir d'un barbare et rivale d'une folle avec qui
j'étais enfermée. Elle me raconta son aventure d'Égypte. Je
jugeai, par les traits dont elle vous peignait, par le temps, par le
dromadaire sur lequel vous étiez monté, par toutes les circonstances, que c'était Zadig qui avait combattu pour elle. Je ne
160 doutai pas que vous ne fussiez à Memphis ; je pris la résolution de
m'y retirer. "Belle Missouf, lui dis-je, vous êtes beaucoup plus
plaisante que moi, vous divertirez bien mieux que moi le prince
d'Hyrcanie. Facilitez-moi les moyens de me sauver ; vous
régnerez seule, vous me rendrez heureuse en vous débarrassant
165 d'une rivale." Missouf concerta avec moi les moyens de ma fuite.
Je partis donc secrètement avec une esclave égyptienne.

« J'étais déjà près de l'Arabie, lorsqu'un fameux voleur nommé
Arbogad m'enleva, et me vendit à des marchands qui m'ont
amenée dans ce château, où demeure le seigneur Ogul. Il m'a
170 achetée sans savoir qui j'étais. C'est un homme voluptueux[2] qui
ne cherche qu'à faire grande chère[3], et qui croit que Dieu l'a mis
au monde pour tenir table. Il est d'un embonpoint[4] excessif, qui
est toujours prêt à le suffoquer. Son médecin, qui n'a que peu de

passage analysé

notes

1. **ménagerie** : lieu où sont gardés les animaux
du roi.
2. **voluptueux** : qui aime les plaisirs.

3. **grande chère** : de grands festins.
4. **embonpoint** : à l'époque de Voltaire,
rondeur qui indique la bonne santé.

115

crédit[1] auprès de lui quand il digère bien, le gouverne despoti-
quement quand il a trop mangé. Il est persuadé qu'il le guérirait
avec un basilic cuit dans de l'eau de rose. Le seigneur Ogul a
promis sa main à celle de ses esclaves qui lui apporterait un basilic.
Vous voyez que je les laisse s'empresser à mériter cet honneur, et
je n'ai jamais eu moins d'envie de trouver ce basilic que depuis
que le Ciel a permis que je vous revisse. »

Alors Astarté et Zadig se dirent tout ce que des sentiments
longtemps retenus, tout ce que les malheurs et leurs amours
pouvaient inspirer aux cœurs les plus nobles et les plus
passionnés ; et les génies qui président à l'amour portèrent leurs
paroles jusqu'à la sphère[2] de Vénus[3].

Les femmes rentrèrent chez Ogul sans avoir rien trouvé. Zadig
se fit présenter à lui, et lui parla en ces termes : « Que la santé
immortelle descende du ciel pour avoir soin de tous vos jours ! Je
suis médecin ; j'ai accouru vers vous sur le bruit de votre maladie,
et je vous ai apporté un basilic cuit dans de l'eau de rose. Ce n'est
pas que je prétende vous épouser. Je ne vous demande que la
liberté d'une jeune esclave de Babylone que vous avez depuis
quelques jours ; et je consens de rester en esclavage à sa place si je
n'ai pas le bonheur de guérir le magnifique seigneur Ogul. »

La proposition fut acceptée. Astarté partit pour Babylone avec
le domestique de Zadig, en lui promettant de lui envoyer
incessamment[4] un courrier pour l'instruire de tout ce qui se serait
passé. Leurs adieux furent aussi tendres que l'avait été leur
reconnaissance. Le moment où l'on se retrouve et celui où l'on
se sépare sont les deux plus grandes époques de la vie, comme dit
le grand livre du *Zend*. Zadig aimait la reine autant qu'il le jurait,
et la reine aimait Zadig plus qu'elle ne lui disait.

notes

1. **qui n'a que peu de crédit** : qui est peu
écouté.
2. **sphère** : selon Ptolémée, l'Univers est
organisé en dix sphères concentriques.

3. **Vénus** : planète et déesse de l'Amour.
4. **incessamment** : le plus tôt possible.

Chapitre seizième

Cependant Zadig parlait ainsi à Ogul : « Seigneur, on ne mange point mon basilic, toute sa vertu doit entrer chez vous par les pores. Je l'ai mis dans un petit outre[1] bien enflé et couvert d'une peau fine : il faut que vous poussiez cet outre de toute votre force, et que je vous le renvoie à plusieurs reprises ; et en peu de jours de régime vous verrez ce que peut mon art. » Ogul, dès le premier jour, fut tout essoufflé, et crut qu'il mourrait de fatigue. Le second, il fut moins fatigué, et dormit mieux. En huit jours il recouvra toute la force, la santé, la légèreté et la gaieté de ses plus brillantes années. « Vous avez joué au ballon, et vous avez été sobre[2], lui dit Zadig : apprenez qu'il n'y a point de basilic dans la nature, qu'on se porte toujours bien avec de la sobriété et de l'exercice, et que l'art de faire subsister ensemble l'intempérance[3] et la santé est un art aussi chimérique[4] que la pierre philosophale[5], l'astrologie judiciaire [et la théologie des mages][6]. »

Le premier médecin d'Ogul, sentant combien cet homme était dangereux pour la médecine, s'unit avec l'apothicaire du corps[7] pour envoyer Zadig chercher des basilics dans l'autre monde. Ainsi, après avoir été toujours puni pour avoir bien fait, il était prêt de périr pour avoir guéri un seigneur gourmand. On l'invita à un excellent dîner. Il devait être empoisonné au second service ; mais il reçut un courrier de la belle Astarté au premier. Il quitta la table et partit. « Quand on est aimé d'une belle femme, dit le grand Zoroastre, on se tire toujours d'affaire dans ce monde. »

Zadig (Ariel Ifergan) dans *Z comme Zadig*, Griffon Théâtre, 2009.

chapitre dix-septième

Les Combats

L a reine avait été reçue à Babylone avec les transports qu'on a toujours pour une belle princesse qui a été malheureuse. Babylone alors paraissait être plus tranquille. Le prince d'Hyrcanie avait été tué dans un combat. Les Babyloniens, vainqueurs, déclarèrent qu'Astarté épouserait celui qu'on choisirait pour souverain. On ne voulut point que la première place du monde, qui serait celle de mari d'Astarté et de roi de Babylone, dépendît des intrigues et des cabales[1]. On jura de reconnaître pour roi le plus vaillant et le plus sage. Une grande lice[2] bordée d'amphithéâtres magnifiquement ornés fut formée à quelques lieues de la ville. Les combattants devaient s'y rendre armés de toutes pièces. Chacun d'eux avait derrière les amphithéâtres un appartement séparé où il ne devait être vu ni connu de personne. Il fallait courir quatre lances[3]. Ceux qui seraient

notes

1. **cabales** : complots.
2. **grande lice** : terrain pour les combats de chevaliers.
3. **courir quatre lances** : affronter, à la lance, quatre adversaires.

119

15 assez heureux pour vaincre quatre chevaliers devraient combattre
ainsi les uns contre les autres ; de façon que celui qui resterait le
dernier maître du champ serait proclamé le vainqueur des jeux. Il
devait revenir quatre jours après, avec les mêmes armes, et
expliquer les énigmes proposées par les mages. S'il n'expliquait
20 point les énigmes, il n'était point roi, et il fallait recommencer à
courir des lances jusqu'à ce qu'on trouvât un homme qui fût
vainqueur dans ces deux combats ; car on voulait absolument
pour roi le plus vaillant et le plus sage. La reine, pendant tout ce
temps, devait être étroitement gardée : on lui permettait seule-
25 ment d'assister aux jeux, couverte d'un voile ; mais on ne
souffrait pas qu'elle parlât à aucun des prétendants, afin qu'il n'y
eût ni faveur ni injustice.

Voilà ce qu'Astarté faisait savoir à son amant[1], espérant qu'il
montrerait pour elle plus de valeur et d'esprit que personne. Il
30 partit, et pria Vénus de fortifier son courage et d'éclairer son
esprit. Il arriva sur le rivage de l'Euphrate la veille de ce grand
jour. Il fit inscrire sa devise parmi celles des combattants, en
cachant son visage et son nom, comme la loi l'ordonnait, et alla
se reposer dans l'appartement qui lui échut[2] par le sort. Son ami
35 Cador, qui était revenu à Babylone après l'avoir inutilement
cherché en Égypte, fit porter dans sa loge une armure complète
que la reine lui envoyait. Il lui fit amener aussi de sa part le plus
beau cheval de Perse. Zadig reconnut Astarté à ces présents : son
courage et son amour en prirent de nouvelles forces et de
40 nouvelles espérances.

Le lendemain, la reine étant venue se placer sous un dais[3] de
pierreries, et les amphithéâtres étant remplis de toutes les dames
et de tous les ordres de Babylone, les combattants parurent dans
le cirque[4]. Chacun d'eux vint mettre sa devise aux pieds du grand
45 mage. On tira au sort les devises ; celle de Zadig fut la dernière.

notes

1. amant : celui qu'elle aime.
2. échut : revint.

3. dais : ici, petit toit de toile destiné à
protéger un personnage.
4. cirque : lieu du tournoi, sorte d'arène.

Chapitre dix-septième

Le premier qui s'avança était un seigneur très riche, nommé Itobad, fort vain[1], peu courageux, très maladroit, et sans esprit. Ses domestiques l'avaient persuadé qu'un homme comme lui devait être roi ; il leur avait répondu : « Un homme comme moi
50   doit régner. » Ainsi on l'avait armé de pied en cap. Il portait une armure d'or émaillée de vert[2], un panache vert, une lance ornée de rubans verts. On s'aperçut d'abord[3], à la manière dont Itobad gouvernait son cheval, que ce n'était pas un homme comme lui à qui le Ciel réservait le sceptre de Babylone. Le premier cavalier
55   qui courut contre lui le désarçonna ; le second le renversa sur la croupe de son cheval, les deux jambes en l'air et les bras étendus. Itobad se remit, mais de si mauvaise grâce que tout l'amphithéâtre se mit à rire. Un troisième ne daigna pas se servir de sa lance ; mais, en lui faisant une passe, il le prit par la jambe droite, et, lui
60   faisant faire un demi-tour, il le fit tomber sur le sable ; les écuyers des jeux accoururent à lui en riant et le remirent en selle. Le quatrième combattant le prend par la jambe gauche, et le fait tomber de l'autre côté. On le conduisit avec des huées[4] à sa loge, où il devait passer la nuit selon la loi ; et il disait en marchant à
65   peine : « Quelle aventure pour un homme comme moi ! »

Les autres chevaliers s'acquittèrent mieux de leur devoir. Il y en eut qui vainquirent deux combattants de suite ; quelques-uns allèrent jusqu'à trois. Il n'y eut que le prince Otame qui en vainquit quatre. Enfin Zadig combattit à son tour : il désarçonna
70   quatre cavaliers de suite avec toute la grâce possible. Il fallut donc voir qui serait vainqueur d'Otame ou de Zadig. Le premier portait des armes bleues et or, avec un panache de même ; celles de Zadig étaient blanches. Tous les vœux se partageaient entre le cavalier bleu et le cavalier blanc. La reine, à qui le cœur palpitait,
75   faisait des prières au Ciel pour la couleur blanche.

---

notes

1. vain : vaniteux.
2. vert : couleur habituellement attribuée aux nouveaux chevaliers.
3. d'abord : immédiatement.
4. huées : cris haineux d'une foule.

Les deux champions firent des passes et des voltes avec tant d'agilité, ils se donnèrent de si beaux coups de lance, ils étaient si fermes sur leurs arçons, que tout le monde, hors la reine, souhaitait qu'il y eût deux rois dans Babylone. Enfin, leurs 80 chevaux étant lassés, et leurs lances rompues, Zadig usa de cette adresse : il passe derrière le prince bleu, s'élance sur la croupe de son cheval, le prend par le milieu du corps, le jette à terre, se met en selle à sa place et caracole[1] autour d'Otame étendu sur la place. Tout l'amphithéâtre crie : « Victoire au cavalier blanc ! » Otame, 85 indigné, se relève, tire son épée ; Zadig saute de cheval, le sabre à la main. Les voilà tous deux sur l'arène[2], livrant un nouveau combat, où la force et l'agilité triomphent tour à tour. Les plumes de leur casque, les clous de leurs brassards, les mailles de leur armure sautent au loin sous mille coups précipités. Ils frappent de 90 pointe et de taille, à droite, à gauche, sur la tête, sur la poitrine ; ils reculent, ils avancent, ils se mesurent, ils se rejoignent, ils se saisissent, ils se replient comme des serpents, ils s'attaquent comme des lions ; le feu jaillit à tout moment des coups qu'ils se portent. Enfin Zadig, ayant un moment repris ses esprits, s'arrête, 95 fait une feinte, passe sur Otame, le fait tomber, le désarme, et Otame s'écrie : « Ô chevalier blanc ! c'est vous qui devez régner sur Babylone. » La reine était au comble de la joie. On reconduisit le chevalier bleu et le chevalier blanc chacun à sa loge, ainsi que tous les autres, selon ce qui était porté par la loi. Des muets 100 vinrent les servir et leur apporter à manger. On peut juger si le petit muet de la reine ne fut pas celui qui servit Zadig. Ensuite on les laissa dormir seuls jusqu'au lendemain matin, temps où le vainqueur devait apporter sa devise au grand mage pour la confronter et se faire reconnaître.

105 Zadig dormit, quoique amoureux, tant il était fatigué. Itobad, qui était couché auprès de lui, ne dormit point. Il se leva pendant la nuit, entra dans la loge, prit les armes blanches de Zadig avec sa

notes
_____

1. caracole : fait faire des quarts de tour à son cheval. | **2. l'arène** : le lieu du tournoi.

122

devise, et mit son armure verte à la place. Le point du jour étant venu, il alla fièrement au grand mage déclarer qu'un homme comme lui était vainqueur. On ne s'y attendait pas ; mais il fut proclamé pendant que Zadig dormait encore. Astarté, surprise et le désespoir dans le cœur, s'en retourna dans Babylone. Tout l'amphithéâtre était déjà presque vide lorsque Zadig s'éveilla ; il chercha ses armes, et ne trouva que cette armure verte. Il était obligé de s'en couvrir, n'ayant rien autre chose auprès de lui. Étonné et indigné, il les endosse avec fureur, il avance dans cet équipage.

Tout ce qui était encore sur l'amphithéâtre et dans le cirque le reçut avec des huées. On l'entourait ; on lui insultait en face[1]. Jamais homme n'essuya des mortifications[2] si humiliantes. La patience lui échappa ; il écarta à coups de sabre la populace qui osait l'outrager ; mais il ne savait quel parti prendre. Il ne pouvait voir la reine ; il ne pouvait réclamer l'armure blanche qu'elle lui avait envoyée : c'eût été la compromettre ; ainsi, tandis qu'elle était plongée dans la douleur, il était pénétré de fureur et d'inquiétude. Il se promenait sur les bords de l'Euphrate, persuadé que son étoile le destinait à être malheureux sans ressource, repassant dans son esprit toutes ses disgrâces[3], depuis l'aventure de la femme qui haïssait les borgnes jusqu'à celle de son armure. « Voilà ce que c'est, disait-il, de m'être éveillé trop tard ; si j'avais moins dormi, je serais roi de Babylone, je posséderais Astarté. Les sciences, les mœurs, le courage n'ont donc jamais servi qu'à mon infortune. » Il lui échappa enfin de murmurer contre la Providence, et il fut tenté de croire que tout était gouverné par une destinée cruelle qui opprimait les bons et qui faisait prospérer les chevaliers verts. Un de ses chagrins était de porter cette armure verte qui lui avait attiré tant de huées. Un marchand passa, il la lui vendit à vil prix[4], et prit du marchand une

notes

1. **on lui insultait en face** : on lui jetait des insultes à la face.
2. **mortifications** : vexations.
3. **disgrâces** : défaveur, déchéance sociale.
4. **vil prix** : bas prix.

robe et un bonnet long[1]. Dans cet équipage, il côtoyait
140 l'Euphrate, rempli de désespoir, et accusant en secret la Providence, qui le persécutait toujours.

note

1. **une robe et un bonnet long** : costume
traditionnel oriental.

chapitre dix-huitième

L'Ermite

Il rencontra en marchant un ermite dont la barbe blanche et vénérable lui descendait jusqu'à la ceinture. Il tenait en main un livre qu'il lisait attentivement. Zadig s'arrêta, et lui fit une profonde inclinàtion. L'ermite le salua d'un air si noble et si doux
5   que Zadig eut la curiosité de l'entretenir[1]. Il lui demanda quel livre il lisait. « C'est le livre des destinées, dit l'ermite ; voulez-vous en lire quelque chose ? » Il mit le livre dans les mains de Zadig, qui, tout instruit qu'il était dans plusieurs langues, ne put déchiffrer un seul caractère du livre. Cela redoubla encore sa
10 curiosité. « Vous me paraissez bien chagrin, lui dit ce bon père. – Hélas ! que j'en ai sujet ! dit Zadig. – Si vous permettez que je vous accompagne, repartit le vieillard, peut-être vous serai-je utile : j'ai quelquefois répandu des sentiments de consolation dans l'âme des malheureux. » Zadig se sentit du respect pour l'air,
15 pour la barbe et pour le livre de l'ermite. Il lui trouva dans la

note...

| **1. l'entretenir** : parler avec lui.

conversation des lumières supérieures. L'ermite parlait de la destinée, de la justice, de la morale, du souverain bien[1], de la faiblesse humaine, des vertus et des vices, avec une éloquence si vive et si touchante que Zadig se sentit entraîné vers lui par un
20 charme invincible. Il le pria avec insistance de ne le point quitter jusqu'à ce qu'ils fussent de retour à Babylone. « Je vous demande moi-même cette grâce, lui dit le vieillard ; jurez-moi par Orosmade que vous ne vous séparerez point de moi d'ici à quelques jours, quelque chose que je fasse. » Zadig jura, et ils partirent
25 ensemble.

Les deux voyageurs arrivèrent le soir à un château superbe. L'ermite demanda l'hospitalité pour lui et pour le jeune homme qui l'accompagnait. Le portier, qu'on aurait pris pour un grand seigneur, les introduisit avec une espèce de bonté dédaigneuse.
30 On les présenta à un principal domestique, qui leur fit voir les appartements magnifiques du maître. Ils furent admis à sa table, au bas bout, sans que le seigneur du château les honorât d'un regard ; mais ils furent servis comme les autres, avec délicatesse[2] et profusion. On leur donna ensuite à laver[3] dans un bassin d'or
35 garni d'émeraudes et de rubis. On les mena coucher dans un bel appartement, et, le lendemain matin, un domestique leur apporta à chacun une pièce d'or, après quoi on les congédia[4].

« Le maître de la maison, dit Zadig en chemin, me paraît être un homme généreux, quoique un peu fier ; il exerce noblement
40 l'hospitalité. » En disant ces paroles, il aperçut qu'une espèce de poche très large que portait l'ermite paraissait tendue et gonflée : il y vit le bassin d'or garni de pierreries, que celui-ci avait volé. Il n'osa d'abord en rien témoigner ; mais il était dans une étrange surprise.

45 Vers le midi l'ermite se présenta à la porte d'une maison très petite où logeait un riche avare ; il y demanda l'hospitalité pour quelques heures. Un vieux valet mal habillé le reçut d'un ton

notes

| 1. souverain bien : le bien suprême. | 3. à laver : de quoi se laver. |
| 2. délicatesse : raffinement. | 4. congédia : pria de partir. |

126

rude, et fit entrer l'ermite et Zadig dans l'écurie, où on leur
donna quelques olives pourries, du mauvais pain et de la bière
50   gâtée. L'ermite but et mangea d'un air aussi content que la veille ;
puis, s'adressant à ce vieux valet, qui les observait tous deux pour
voir s'ils ne volaient rien et qui les pressait de partir, il lui donna
les deux pièces d'or qu'il avait reçues le matin et le remercia de
toutes ses attentions. « Je vous prie, ajouta-t-il, faites-moi parler
55   à votre maître. » Le valet, étonné, introduisit les deux voyageurs.
« Magnifique[1] seigneur, dit l'ermite, je ne puis que vous rendre
de très humbles grâces de la manière noble dont vous nous avez
reçus : daignez accepter ce bassin d'or comme un faible gage de
ma reconnaissance. » L'avare fut près de tomber à la renverse.
60   L'ermite ne lui donna pas le temps de revenir de son saisissement[2] ; il partit au plus vite avec son jeune voyageur. « Mon père,
lui dit Zadig, qu'est-ce que tout ce que je vois ? Vous me
paraissez ressembler en rien aux autres hommes : vous volez un
bassin d'or garni de pierreries à un seigneur qui vous reçoit
65   magnifiquement, et vous le donnez à un avare qui vous traite
avec indignité. – Mon fils, répondit le vieillard, cet homme
magnifique, qui ne reçoit les étrangers que par vanité et pour faire
admirer ses richesses, deviendra plus sage ; l'avare apprendra à
exercer l'hospitalité : ne vous étonnez de rien, et suivez-moi. »
70   Zadig ne savait encore s'il avait affaire au plus fou ou au plus sage
de tous les hommes ; mais l'ermite parlait avec tant d'ascendant[3]
que Zadig, lié d'ailleurs par son serment, ne put s'empêcher de le
suivre.

Ils arrivèrent le soir à une maison agréablement bâtie, mais
75   simple, où rien ne sentait ni la prodigalité[4] ni l'avarice. Le maître
était un philosophe retiré du monde, qui cultivait en paix la
sagesse et la vertu [et qui cependant ne s'ennuyait pas][5]. Il s'était
plu à bâtir cette retraite, dans laquelle il recevait les étrangers avec

notes

1. **Magnifique** : généreux.
2. **son saisissement** : sa surprise.
3. **ascendant** : autorité naturelle.

4. **prodigalité** : fait de dépenser sans compter.
5. Ajout datant de 1756.

une noblesse qui n'avait rien de l'ostentation[1]. Il alla lui-même
80 au-devant des deux voyageurs, qu'il fit reposer d'abord dans un
appartement commode[2]. Quelque temps après, il les vint prendre
lui-même pour les inviter à un repas propre[3] et bien entendu[4],
pendant lequel il parla avec discrétion[5] des dernières révolutions
de Babylone. Il parut sincèrement attaché à la reine, et souhaita
85 que Zadig eût paru dans la lice pour disputer la couronne. « Mais
les hommes, ajouta-t-il, ne méritent pas d'avoir un roi comme
Zadig. » Celui-ci rougissait et sentait redoubler ses douleurs. On
convint dans la conversation que les choses de ce monde
n'allaient pas toujours au gré[6] des plus sages. L'ermite soutint
90 toujours qu'on ne connaissait pas les voies de la Providence, et
que les hommes avaient tort de juger d'un tout dont ils n'aper-
cevaient que la plus petite partie.

[On parla des passions. « Ah ! qu'elles sont funestes ! disait
Zadig. – Ce sont les vents qui enflent les voiles du vaisseau,
95 repartit l'ermite ; elles le submergent quelquefois ; mais sans elles
il ne pourrait voguer. La bile[7] rend colère[8] et malade ; mais sans
la bile l'homme ne saurait vivre. Tout est dangereux ici-bas, et
tout est nécessaire. »

On parla du plaisir, et l'ermite prouva que c'est un présent de
100 la Divinité : « Car, dit-il, l'homme ne peut se donner ni sensa-
tions ni idées, il reçoit tout ; la peine et le plaisir lui viennent
d'ailleurs, comme son être[9]. »

Zadig admirait comment un homme qui avait fait des choses si
extravagantes pouvait raisonner si bien.][10] Enfin, après un entre-
105 tien aussi instructif qu'agréable, l'hôte reconduisit ses deux voyageurs dans leur appartement, en bénissant le Ciel qui lui avait
envoyé deux hommes si sages et si vertueux. Il leur offrit de

notes

1. **ostentation** : souci de paraître.
2. **commode** : confortable.
3. **propre** : agréable.
4. **entendu** : conçu.
5. **discrétion** : prudence, retenue.
6. **au gré** : selon le souhait.

7. **bile** : une des quatre humeurs selon la médecine de l'époque.
8. **colère** : coléreux.
9. **être** : existence.
10. Ajout datant de 1748.

l'argent d'une manière aisée et noble qui ne pouvait déplaire. L'ermite le refusa, et lui dit qu'il prenait congé de lui, comptant
110 partir pour Babylone avant le jour. Leur séparation fut tendre ; Zadig surtout se sentait plein d'estime et d'inclination pour un homme si aimable.

Quand l'ermite et lui furent dans leur appartement, ils firent longtemps l'éloge de leur hôte. Le vieillard au point du jour
115 éveilla son camarade. « Il faut partir, dit-il ; mais, tandis que tout le monde dort encore, je veux laisser à cet homme un témoignage de mon estime et de mon affection. » En disant ces mots, il prit un flambeau, et mit le feu à la maison. Zadig, épouvanté, jeta des cris, et voulut l'empêcher de commettre une action si
120 affreuse. L'ermite l'entraînait par une force supérieure ; la maison était enflammée. L'ermite, qui était déjà assez loin avec son compagnon, la regarda brûler tranquillement. « Dieu merci ! dit-il, voilà la maison de mon cher hôte détruite de fond en comble ! L'heureux homme ! » À ces mots Zadig fut tenté à la
125 fois d'éclater de rire, de dire des injures au révérend père, de le battre, et de s'enfuir, mais il ne fit rien de tout cela, et, toujours subjugué par l'ascendant de l'ermite, il le suivit malgré lui à la dernière couchée[1].

Ce fut chez une veuve charitable et vertueuse qui avait un
130 neveu de quatorze ans, plein d'agréments et son unique espérance. Elle fit du mieux qu'elle put les honneurs de sa maison. Le lendemain, elle ordonna à son neveu d'accompagner les voyageurs jusqu'à un pont qui, étant rompu depuis peu, était devenu un passage dangereux. Le jeune homme, empressé, marche
135 au-devant d'eux. Quand ils furent sur le pont : « Venez, dit l'ermite au jeune homme, il faut que je marque ma reconnaissance à votre tante. » Il le prend alors par les cheveux et le jette dans la rivière. L'enfant tombe, reparaît un moment sur l'eau, et est engouffré dans le torrent. « Ô monstre ! ô le plus scélérat de

note
....

| 1. **couchée** : étape du voyage.

140 tous les hommes ! s'écria Zadig. – Vous m'aviez promis plus de patience, lui dit l'ermite en l'interrompant : apprenez que, sous les ruines de cette maison où la Providence a mis le feu, le maître a trouvé un trésor immense ; apprenez que ce jeune homme, dont la Providence a tordu le cou, aurait assassiné sa tante dans un 145 an, et vous dans deux. – Qui te l'a dit, barbare ? cria Zadig ; et quand tu aurais lu cet événement dans ton livre des destinées, t'est-il permis de noyer un enfant qui ne t'a point fait de mal ? »

Tandis que le Babylonien parlait, il aperçut que le vieillard n'avait plus de barbe, que son visage prenait les traits de la 150 jeunesse. Son habit d'ermite disparut ; quatre belles ailes couvraient son corps majestueux et resplendissant de lumière. « Ô envoyé du Ciel ! ô ange divin ! s'écria Zadig en se prosternant, tu es donc descendu de l'empyrée[1] pour apprendre à un faible mortel à se soumettre aux ordres éternels ? – Les hommes, 155 dit l'ange Jesrad[2], jugent de tout sans rien connaître : tu étais celui de tous les hommes qui méritait le plus d'être éclairé. » Zadig lui demanda la permission de parler. « Je me défie de moi-même, dit-il ; mais oserai-je te prier de m'éclaircir un doute : ne vaudrait-il pas mieux avoir corrigé cet enfant, et l'avoir rendu 160 vertueux, que de le noyer ? » Jesrad reprit : « S'il avait été vertueux, et s'il eût vécu, son destin était d'être assassiné lui-même avec la femme qu'il devait épouser, et le fils qui en devait naître. – Mais quoi ! dit Zadig, il est donc nécessaire qu'il y ait des crimes et des malheurs, et les malheurs tombent sur les 165 gens de bien ? – Les méchants, répondit Jesrad, sont toujours malheureux : ils servent à éprouver un petit nombre de justes répandus sur la Terre, et il n'y a point de mal dont il ne naisse un bien[3]. – Mais, dit Zadig, s'il n'y avait que du bien, et point de mal ? – Alors, reprit Jesrad, cette Terre serait une autre Terre ; 170 l'enchaînement des événements serait un autre ordre de sagesse ;

notes
_____

1. empyrée : dans la mythologie antique, séjour des dieux (partie la plus élevée des sphères célestes).

2. ange Jesrad : ange du Bien.

3. il n'y a point [...] bien : théorie de Leibniz.

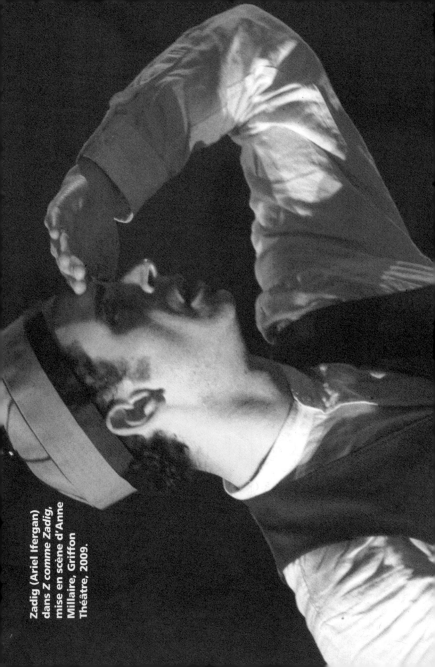

Zadig (Ariel Ifergan) dans *Z comme Zadig*, mise en scène d'Anne Millaire, Griffon Théâtre, 2009.

Sommaire

Présentation 5

Voltaire, toujours actuel

Voltaire, sa vie, son œuvre 10
    Un jeune homme brillant et provocateur 11
    Voltaire se fait un nom 12
    Une compagne de valeur 13
    Les voyages et les retraites 14

Description de l'époque : la France du XVIIIe siècle 17
    Quelques renseignements préliminaires 17
    Le contexte social 18
    Le contexte politique 19
    Le contexte philosophique 22
    L'art et la littérature 25
    Tableau synthèse : Le récit, le théâtre et l'essai des Lumières 29

Présentation du conte 30
    Liens avec la description de l'époque 31
    Liens avec les courants artistiques, littéraires et philosophiques
    de l'époque 33

Voltaire en son temps 37
    Chronologie 38

Zadig ou la Destinée (texte intégral)

Approbation 44	Chapitre sixième 70	Chapitre treizième 98
Épître dédicatoire 45	Chapitre septième 73	Chapitre quatorzième ... 102
Chapitre premier 48	Chapitre huitième 77	Chapitre quinzième 106
Chapitre second 52	Chapitre neuvième 83	Chapitre seizième 110
Chapitre troisième 55	Chapitre dixième 87	Chapitre dix-septième ... 119
Chapitre quatrième 61	Chapitre onzième 91	Chapitre dix-huitième ... 125
Chapitre cinquième 67	Chapitre douzième 94	Chapitre dix-neuvième .. 133

Itinéraire de Zadig 145
Test de première lecture 146

L'étude de l'œuvre

Quelques notions de base 148
L'étude du conte en s'appuyant sur des extraits 153
L'étude de l'œuvre dans une démarche plus globale 169
Sujets d'analyse et de dissertation 173

Glossaire 177

**Bibliographie, filmographie,
adaptation théâtrale** 179

Portrait de Voltaire,
tableau de Maurice Quentin de La Tour, 1736.

PRÉSENTATION

Aux yeux du lecteur d'aujourd'hui, quel intérêt peut présenter Zadig, *un conte écrit par Voltaire au XVIIIᵉ siècle ?*

Tout écrivain sait qu'il existe des lieux de rêve et d'évasion susceptibles de séduire un large lectorat. En publiant *Zadig* en 1747, Voltaire ajoute sa propre voix au concert des œuvres fort populaires dont les intrigues se déroulent en Orient. Cette partie du monde, au XVIIIᵉ siècle, fait rêver le lecteur occidental, qui en pressent les mystères : elle fourmille de personnages nobles, de princes et de princesses, et de créatures fantastiques comme des nains et des griffons. Au début du siècle, la publication d'une traduction française des *Mille et une nuits* contribue à stimuler cette fascination pour l'Orient, tout en combattant quelques préjugés. Ce célèbre recueil de contes arabes remporte un tel succès qu'il inspire à Montesquieu l'idée d'en faire le lieu où se dérouleront ses *Lettres persanes*.

L'épisode du « Basilic » (gravure pour l'édition de 1778).

Le nom même de Zadig que Voltaire attribue à son personnage suggère l'exotisme*, aspect susceptible de charmer le lecteur qui rêve de voyage. L'intrigue se déroule dans une région qui correspondrait aujourd'hui à l'Irak – donc fort éloignée de l'Europe et du Québec –, souvent représentée en littérature comme étant peuplée de barbares et d'infidèles, pour reprendre la rhétorique des croisades au Moyen Âge. De nos jours, cette partie du monde est toujours l'objet de préjugés, surtout depuis les attentats du 11 septembre 2001. George Bush, président américain du moment, va même jusqu'à l'associer à l'axe du Mal. Et que dire des charges vexatoires faites contre les musulmans dans plusieurs

* : *Cf.* Glossaire

Présentation

villes du Québec, au cours des audiences publiques entourant le débat sur les accommodements raisonnables en 2008! L'Occident porte généralement un regard sévère sur l'Islam alors que Voltaire, contre toute attente, préfère suggérer ce qu'il a de commun avec le christianisme: des rituels insolites et certaines croyances frôlant le fanatisme et la superstition. Dans le but de vaincre les préjugés, Voltaire, provocateur, fait même de son philosophe oriental un personnage attachant parce que raisonnable, cultivé, maniant le verbe d'une façon remarquable et capable de démonter les dogmes. Zadig se fait donc souvent le porte-parole de Voltaire. En sous-texte, il y a également un discours en faveur de la tolérance, attitude si prisée par le patriarche de Ferney.

Comme c'est souvent le cas chez Voltaire, le nom qu'il attribue à son personnage principal, et qui donne son titre à l'œuvre (nous parlons alors de personnage éponyme), est fortement significatif. En langue arabe, Zadig signifie «le véridique» alors qu'en hébreu, le nom est synonyme de «juste». Les malheurs de Zadig découlent de sa propension à ne dire que la vérité et à chercher la justice en toute circonstance. Il arrive souvent à Zadig d'être châtié et humilié pour ne pas avoir adouci sa pensée, car il ignore le grand dessein de l'être suprême, un dessein qui lui sera finalement révélé par l'ange Jesrad. En contrepartie, ce souci constant de justice et de vérité amène Voltaire à acquérir une renommée considérable: c'est pour cette raison qu'il devient le conseiller privilégié des grands de son époque.

En composant *Zadig*, Voltaire poursuit plusieurs objectifs. Il a notamment l'intention d'aborder la question du Mal, mais il veut aussi régler des comptes avec le roi et la cour, qui l'ont forcé à l'exil. Les critiques toutefois considèrent avec justesse qu'il a dévié de certains de ses buts initiaux. La postérité retient comme digne d'intérêt toute la réflexion sur la présence du Mal dans le monde. En écrivain perspicace, Voltaire reconnaît en outre, dans la philosophie optimiste de Leibniz, une conception de la destinée humaine qui peut

servir de fil conducteur à son conte philosophique – qu'il juge lui-même sévèrement, le considérant de faible envergure ou comme un divertissement anodin. En accumulant les injustices pour mieux étayer la dénonciation qu'il fait des abus du pouvoir, Voltaire se trouve même à porter atteinte à son optimisme de départ. Seul le dénouement*, relativement heureux, donne matière à espérer, mais si peu... En fin de compte, Voltaire dresse un portrait sans équivoque d'une humanité capable du meilleur comme du pire. Si Leibniz croit que tout malheur peut se justifier par les conséquences heureuses qu'il entraîne, Voltaire, quant à lui, se montre moins convaincu du sens que l'on donne au Mal. Il s'abstient toutefois de remettre radicalement en cause ce qui allait de soi pour un grand nombre de penseurs de son époque.

Au moment d'écrire *Zadig*, Voltaire ne sait pas encore que la présence du Mal dans le monde est une problématique qui le hantera durant la vingtaine d'années à venir. C'est au contact de Frédéric II de Prusse et des courtisans de Versailles qu'il devient de plus en plus critique envers les excès auxquels donne lieu l'absolutisme royal. Le destin incertain de Zadig représente celui de tous les hommes soumis aux aléas du sort, peu importe leur âge ou leurs origines. Il illustre aussi la condition des sociétés captives de l'arbitraire du roi et en butte à l'injustice engendrée par les privilèges de caste. Cette œuvre à caractère nettement polémique permettra donc aux étudiants d'exercer leur esprit critique sur des sujets controversés, comme le sens de l'existence et les rapports de la religion avec le pouvoir, et à se questionner sur la vérité et le mensonge.

*: *Cf.* Glossaire

Voltaire,
toujours actuel

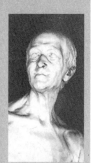

Voltaire, sa vie, son œuvre

Voltaire par Jean-Baptiste Pigalle.

> **Faut-il connaître la vie de Voltaire pour comprendre le conte ?**

Dans toute l'histoire de la littérature française, Voltaire est sans doute l'un des écrivains ayant suscité les réactions les plus vives. Il fut aussi adulé que détesté de son vivant. Au XIXe siècle, il est l'objet de railleries de la part des romantiques, qui lui reprochent sa rationalité cynique* alors qu'eux privilégient les émotions. En dépit de ce fait, une chose demeure : à l'instar de Jean-Paul Sartre pour le XXe siècle et de Victor Hugo pour le XIXe siècle, Voltaire est l'écrivain phare du XVIIIe siècle. Tout comme Denis Diderot et Jean-Jacques Rousseau qu'il a côtoyés, Voltaire est un écrivain engagé. Tout en incarnant l'image du philosophe des Lumières, il nous parle, encore aujourd'hui, de tolérance et de liberté dans son œuvre. Ainsi, pour contourner la censure royale, Voltaire situe l'intrigue de *Zadig* au Moyen-Orient ; mais c'est toutefois la mentalité européenne de l'époque qu'il souhaite remettre en question.

On retiendra que Voltaire incarne particulièrement bien les changements qui se sont opérés dans le statut de l'écrivain au cours du siècle. Il recherchera d'abord la reconnaissance chez les aristocrates, en fréquentant les cafés littéraires et les salons. Toutefois, Voltaire ne jouit d'aucune immunité puisqu'à la moindre provocation trop hardie, on peut lui donner la bastonnade* et l'exiler ; mais surtout, on peut cruellement lui rappeler

* : *Cf. Glossaire*

qu'il n'appartient pas à cette noblesse qui, à l'époque, avait pratiquement tous les droits. Pourtant, à la fin de sa vie, ce sont ces privilégiés qui se déplacent pour le consulter, lui, le maître de l'opinion publique. Voltaire cherchera également la reconnaissance auprès du roi, incertain toutefois du sort qui lui serait réservé s'il créait un scandale. Il comprendra assez tardivement que le véritable interlocuteur à séduire désormais est le lectorat qui s'est constitué progressivement au cours du siècle (plus grande circulation des livres et moins d'analphabètes) et qui a le goût du savoir, avant que ne lui vienne le goût du pouvoir. Finalement, en tant qu'écrivain, Voltaire a pratiqué tous les genres considérés comme nobles à son époque, notamment la tragédie* et l'épopée*, et il a cru asseoir sa réputation sur la maîtrise du vers. Or, c'est en excellant dans des genres considérés comme mineurs, en particulier le conte philosophique, c'est en exerçant son esprit, en intervenant dans l'opinion publique, à l'image des grands reporters d'aujourd'hui, et en peaufinant le style de sa prose qu'il passera à la postérité.

Un jeune homme brillant et provocateur

Né le 21 novembre 1694, sous le règne du roi Louis XIV, François-Marie Arouet est le fils du notaire François Arouet et l'aîné de trois enfants. Élevé dans un milieu bourgeois, il posera sur celui-ci un regard critique, allant même jusqu'à renier ses origines lorsqu'il prétendra être le fils d'un poète, Monsieur de Rochebrune. Il perd très tôt sa mère, en 1701.

Tragédie

Pièce de théâtre mettant en scène des personnages importants, et qui suscite chez le spectateur des émotions vives comme la pitié et la terreur. Elle culmine généralement par la mort d'un des protagonistes*.

Épopée

Poème d'une certaine longueur narrant les exploits d'un héros, souvent teinté de merveilleux.

*: *Cf. Glossaire*

Biographie

De 1704 à 1711, les jésuites de Clermont accueillent le jeune Arouet qui poursuit de brillantes études, au cours desquelles il se liera à de nombreux enfants de la haute aristocratie. L'année suivante, conformément à la tradition familiale, il entame des études de droit et devient, sans grand enthousiasme, clerc de procureur. Son parrain, l'abbé de Châteauneuf, l'introduit dans le monde des cafés littéraires, où se coudoient nobles et bourgeois et où s'établissent les règles du bon goût et de la bonne société. Accompagnant une mission diplomatique en Hollande, il se fait remarquer par un écart de conduite dans une histoire de séduction. Son père le ramène à Paris et menace de l'exiler à Saint-Domingue. Mais François-Marie continue de fréquenter les mondains épicuriens*, engagés dans la recherche du plaisir et du bonheur. Puis il se lance dans la littérature en proposant des poèmes satiriques. Dans l'un d'eux, il s'attaque au régent Philippe d'Orléans. Pour cette incartade, il est exilé en 1716, puis emprisonné à la Bastille l'année suivante.

Ainsi, ces quelques événements permettent déjà de dégager quelques traits de la personnalité de Voltaire : un tempérament polémique* et une nature impulsive le portent à faire des frasques qui menacent l'avancement de sa carrière littéraire, dans une société encore dominée par les grands.

Voltaire se fait un nom

C'est pendant sa réclusion que François-Marie Arouet prend le pseudonyme* de Voltaire et écrit une tragédie, *Œdipe*, qui remportera un grand succès à la

---

Épicurien

Relatif à l'épicurisme, une philosophie qui prône la recherche du plaisir (doctrine du philosophe grec Épicure).

Polémique

Qui est relatif aux positions contradictoires, aux disputes, aux querelles.

Pseudonyme

Nom d'emprunt utilisé par un auteur pour ne pas être identifié.

---

* : *Cf.* Glossaire

Comédie-Française. Libéré de prison en 1718, il fréquente l'aristocratie et affirme son ambition d'acquérir la gloire tout en évitant les réclusions. Pour arriver à ses fins, il se fait des alliés qui assureront sa protection, il écrit en respectant les limites imposées par la société et il opte pour la ruse et la prudence. En 1723, il écrit une épopée, *La ligue* (devenue *La Henriade*). Mais une querelle avec le chevalier de Rohan en 1726 le renvoie de nouveau à la Bastille puis, deux semaines plus tard, en exil en Angleterre jusqu'en novembre 1728. Ce séjour sera pour lui l'occasion d'apprendre l'anglais, mais aussi de découvrir la monarchie constitutionnelle, la liberté de pensée et la littérature anglaise, notamment les œuvres du grand Shakespeare.

Dès son retour en France, il s'enrichit en faisant des opérations financières, non seulement pour assurer son indépendance sur le plan économique, mais aussi pour se doter d'un statut semblable à celui des aristocrates. Voltaire n'aura ainsi jamais recours à des mécènes, c'est-à-dire à des personnes qui participent à la promotion des arts et des lettres en apportant leur soutien financier aux artistes. Plus tard, on lui reprochera son implication dans des entreprises à la limite de la légalité, et son intérêt pour la spéculation.

Une compagne de valeur

En 1733, Voltaire rencontre madame du Châtelet avec laquelle il entretiendra une relation amoureuse et intellectuelle pendant seize ans. Voltaire est le seul écrivain des Lumières à vivre une relation avec une compagne qui est son *alter ego*, à la fois femme de

science et femme d'une grande intelligence, un peu comme la relation de Sartre avec De Beauvoir. Madame du Châtelet exercera une influence considérable sur l'œuvre de son compagnon en lui offrant un soutien dans les controverses, entre autres lors de la publication des *Lettres philosophiques* (1734). Dans ces lettres, Voltaire fait l'éloge du modèle anglais, à la fois le régime politique – la monarchie constitutionnelle – et son économie plus libéralisée qu'en France, et critique sévèrement les institutions religieuses. Il n'a alors d'autre choix que se réfugier au château de sa compagne, en Lorraine, où lui rendent souvent visite ses admirateurs.

Les voyages et les retraites

Au cours des dix années suivantes, Voltaire connaît une vie agitée tout en maintenant un rythme intense de production littéraire. Il étend le réseau de ses connaissances en prenant contact avec plusieurs écrivains de l'époque, notamment d'Alembert, qui dirigera avec Diderot cette colossale entreprise qu'est l'*Encyclopédie*, un bilan des connaissances du siècle. Il entretient une correspondance soutenue qui lui permet en quelque sorte d'être régulièrement tenu au courant de ce qui se passe en Europe (surtout à la fin de sa vie, alors qu'il apparaît comme une sorte de grand reporter avant la lettre, toujours à l'affût des dernières nouvelles, de ce qui fait l'actualité). Il s'impose un rythme de travail effréné, ce qui étonne surtout ses amis de la noblesse qui font de l'improductivité un art de vivre. Et, paradoxalement, cet homme qui cherche les honneurs accumule les maladresses et n'arrive jamais à rentrer dans les bonnes grâces du roi. En 1747, Voltaire est

en effet disgracié et contraint à se réfugier auprès de madame du Châtelet à Lunéville, à la cour du roi de Pologne, Stanislas. Il publie le conte philosophique *Zadig ou la Destinée*, qui revêt l'aspect d'une vengeance à peine déguisée contre la cour de Versailles. Voltaire a cette réputation de recourir à sa plume pour régler ses comptes, susciter la controverse et provoquer. Il doit souvent s'éloigner de Paris et trouver refuge notamment chez des princes étrangers, dont Frédéric II à Berlin, en 1753. Ce dernier le considère non seulement comme un ami, mais aussi comme un conseiller. Voltaire a donc acquis une grande crédibilité, qui influera sur la vision que l'on se faisait alors de l'écrivain. Ainsi, de courtisan qu'il était au début du siècle, toujours en attente d'honneurs et de récompenses donnés par le roi, il va finir non seulement par acquérir son indépendance mais aussi un grand prestige personnel.

La vie de Voltaire est une suite de voyages, de haltes et de péripéties dignes d'un personnage de fiction. Mais un pamphlet écrit en 1753 lui vaudra un emprisonnement à Francfort, avec sa nièce, madame Denis, devenue entre-temps sa maîtresse. Pendant ce tumultueux séjour, Voltaire publie une œuvre historique, *Le siècle de Louis XIV*, et un conte philosophique, *Micromégas*.

Chassé de Prusse et interdit de séjour à Paris, Voltaire part en Alsace. Un peu fatigué de ces fréquents déménagements, il s'installe en Suisse en 1755 avec madame Denis, dans une propriété qu'il appelle *Les délices*. S'il décide de ne plus voyager, il n'en demeure pas moins un écrivain engagé, particulièrement sensible aux injustices de son temps. Par exemple, saisi par le

tremblement de terre de Lisbonne survenu en 1755, il publie l'année suivante le *Poème sur le désastre de Lisbonne ou Examen de cet axiome : «Tout est bien»*, prélude à son célèbre *Candide*.

En 1758, Voltaire achète le château de Ferney, près des frontières suisses, où il s'installe définitivement avec madame Denis et où viennent le voir ses admirateurs. Il participe à la prospérité du pays en faisant défricher les landes, assécher les marais et en implantant des fabriques de soieries.

Retiré dans son château, Voltaire n'a, paradoxalement, jamais été aussi engagé dans les affaires de son temps. Il y participe activement, réussissant parfois une spectaculaire réhabilitation, comme dans l'affaire Calas (1762-1765), mais échouant aussi, comme en témoigne l'exécution du chevalier de La Barre (1765). Tout au long de cette période fort active, Voltaire écrit sans relâche : *Candide*, composé en 1758, obtient un immense succès l'année suivante ; le *Traité sur la tolérance* (1763) et le *Dictionnaire philosophique*, publié en 1764 après dix ans de travail ; *L'ingénu* (1767) et les contes *L'homme aux quarante écus* et *La princesse de Babylone* (1768) ; les *Questions sur l'« Encyclopédie » par des amateurs* (1770-1772), œuvre qui constitue une imposante compilation dans laquelle Voltaire fait le point sur ses réflexions. Mais, en 1773, un problème urinaire aigu diminue de beaucoup sa capacité de travail.

Dramatique

Relatif au théâtre ; un auteur dramatique (Molière) est un dramaturge, une pièce de théâtre est une œuvre dramatique.

En 1778, à l'âge de quatre-vingt-quatre ans, Voltaire revient à Paris d'où il avait été chassé. On célèbre en lui l'auteur dramatique*, le conteur et le redresseur de torts. Voltaire mourra à Paris le 30 mai de la même année. Toutefois, il sera l'objet de controverses même après sa

* : *Cf.* Glossaire

mort : son inhumation en terre chrétienne est refusée. Son neveu, l'abbé Mignot, parvient à le faire enterrer dans son abbaye, en Champagne. L'Académie française n'a pas été autorisée à célébrer une messe des morts (*requiem*) en son honneur.

- Voltaire, à la fois écrivain et philosophe (dans le sens où on entend ce mot au XVIIIe siècle, alors que tous les écrivains se disent philosophes), est un « intellectuel » typique du siècle des Lumières : il veut éclairer les esprits en répandant des idées, mais aussi en éveillant l'esprit critique et en condamnant l'intolérance, les superstitions et les injustices.
- Voltaire, esprit polémique : il attaque la cour de Versailles qu'il a été contraint de quitter, lui qui rêve de faire partie de l'aristocratie.
- Voltaire humoriste : il ridiculise ses ennemis, le clergé et les grands seigneurs, en soulignant leurs travers, leurs contradictions, leurs idées.

À retenir

Description de l'époque : la France du XVIIIe siècle

> Qu'importe-t-il de connaître de la France du XVIIIe siècle ?

Quelques renseignements préliminaires

Bien qu'il s'agisse d'un conte oriental par son intrigue, qui se déroule entre Babylone et l'Arabie, *Zadig* n'est pas une critique de l'Orient. Les véritables cibles sont

davantage l'Europe et la cour de Louis XV, corrompue et réputée pour son immoralité. Dans ce conte, Voltaire dresse un tableau sombre du monde tel qu'il était en 1747, et il le fait à partir de son point de vue d'écrivain qui a côtoyé les grands.

Le contexte social

La société du XVIIIe siècle comprend trois ordres : la noblesse, le clergé et le tiers état. La noblesse a tous les privilèges, même celui de ne pas être taxée, ce qui aura des répercussions directes sur la dette nationale qui ne cesse d'augmenter. Le haut clergé est directement lié à la noblesse puisque la majorité de ses membres en sont issus. Propriétaire de grands domaines, le haut clergé est aussi exempt d'impôts. Cet état de fait contribue à alimenter le désir de réformes. En effet, la noblesse est progressivement devenue une charge pour l'État, elle est parasitaire* : moins sollicitée pour défendre le royaume, elle vit à la cour en quête d'honneurs et ne participe que peu à l'économie ou à la production de biens. En revanche, la bourgeoisie, du fait qu'elle contribue à l'essor commercial de la France, s'attend à en recueillir les fruits, notamment en prenant part aux décisions politiques. On constate enfin que cafés et salons tenus par des grandes dames se multiplient ; ces lieux de socialisation érodent l'influence qu'exerce la cour sur la culture. Le savoir devient de plus en plus accessible, surtout par les livres et les journaux, bien que trois personnes sur quatre restent analphabètes.

Parasitaire

Relatif au parasite, qui vit aux dépens d'autrui.

Vers 1747, la population française totalise environ 24,5 millions d'habitants. La société française du

* : *Cf.* Glossaire

XVIIIe siècle est dans le prolongement du siècle précédent. Le roi représente l'autorité suprême et n'est aucunement tenu de rendre compte de ses décisions à ses sujets. Le pouvoir royal se transmet de père en fils avec la caution de l'Église catholique romaine, qui en est le fondement. L'aristocratie jouit des privilèges hérités du féodalisme; en retour, elle jure fidélité au roi et tire profit de son immense pouvoir. La bourgeoisie bénéficie de l'expansion des marchés économiques et des nombreuses guerres auxquelles prend part la France, et étend son pouvoir dans les sphères de la politique et de la finance. Même s'il constitue la majorité de la population, le peuple, quant à lui, est démuni et réduit à servir les classes supérieures. Toute cette organisation sociale est en processus de mutation sans qu'aucun des acteurs essentiels n'en soit totalement conscient.

Le contexte politique

En 1747, Louis XV règne sur la France et vit entouré de courtisans, prêts à s'entredéchirer pour le moindre honneur attribué par le roi. Voltaire transpose dans *Zadig* les intrigues de cette cour tout en se moquant de ses figures les plus importantes comme madame de Pompadour, maîtresse du roi. Dans *Zadig*, Missouf, la seconde épouse tyrannique du roi Moabdar, en est en quelque sorte la transposition fictive.

Or, la France, on le sait, vit les dernières décennies du régime de la monarchie absolue. Ce régime politique, qui concentre tous les pouvoirs entre les mains du roi, fonctionne en vase clos et cultive le secret.

Contexte

Déjouant la censure, des voix discordantes, bien que peu nombreuses, se font entendre.

Les bourgeois exigent de l'autorité royale qu'elle libéralise le commerce et réduise les contraintes, souvent associées aux privilèges des nobles, qui enfreignent la libre circulation des biens. Les bourgeois prospèrent rapidement et font des rêves d'ascension sociale. Relégués au second plan dans la sphère politique, ils envient l'aristocratie, bien installée dans ses privilèges. Dans *Zadig*, la bourgeoisie montante apparaît sous les traits de Cador et du négociant Sétoc: voulant tous deux sauver Zadig, le premier offre une fille d'honneur au mage Yébor (chapitre 4), le deuxième tente en vain d'utiliser son crédit contre les prêtres (chapitre 13). Comme ses contemporains Diderot, Rousseau et Beaumarchais, Voltaire adhère aux valeurs de la bourgeoisie, soit le goût du travail et le sens de l'initiative; ses récits en fournissent l'illustration et contribuent à justifier les aspirations de cette classe montante à laquelle il appartient...

Le peuple, quant à lui, veut améliorer sa condition. Lentement mais sûrement, le mouvement vers la république démocratique est lancé et culminera avec la Révolution française de 1789.

Mais, du temps de Voltaire, surtout sous le règne de Louis XV (1722-1774), le roi est encore bien affermi dans ses positions et réagit vivement à tout mouvement mettant en cause son autorité. La grogne se fait plus forte sous Louis XVI (1774-1792). Mais Voltaire ne connaît que les quatre premières années de son règne, alors que ce roi se montre un jeune homme timide, mal préparé à régner.

Par ailleurs, l'Europe est le théâtre de nombreuses tensions et d'alliances éphémères entre grandes puissances. À l'opposé de la Prusse et de l'Angleterre qui jouissent d'une enviable stabilité, l'Autriche vit une guerre de Succession (1740-1748), guerre à laquelle participe la Bavière qui revendique la couronne – soutenue par des alliés importants comme la France, l'Espagne et la Prusse – contre les Pays-Bas et l'Angleterre qui se rallient à l'Autriche. Tout est en place pour que la carte de l'Europe subisse des modifications importantes, notamment dans le cas de la Prusse et de la Bavière, alors indépendantes, qui feront bientôt partie de l'Allemagne.

L'ouverture sur le monde

Depuis la découverte de l'Amérique par Christophe Colomb (1492), l'Europe entretient des ambitions territoriales et lance de nombreuses expéditions qui visent la conquête du Nouveau Monde. La France possède déjà des territoires aux Indes, en Afrique et dans le Pacifique. Les colonies américaines, très convoitées, suscitent une rivalité entre la France et l'Angleterre, qui donnera lieu à la guerre de Sept ans (1756-1763). Le traité de Paris (1763) mettra fin à ce conflit, et la France cédera alors la Nouvelle-France et des comptoirs indiens à l'Angleterre.

L'importance des colonies réside dans le formidable potentiel commercial qu'elles laissent entrevoir. Les empires vident les colonies de leurs ressources naturelles et, dans certains cas, réduisent une partie de leurs habitants à l'esclavage. Reposant sur une idée d'inégalité sociale, la traite des hommes heurte les principes d'un grand nombre d'écrivains des Lumières

qui militent pour la tolérance, c'est-à-dire pour qu'on accepte la diversité des cultures et des coutumes. Voltaire s'inscrit dans cette tendance en faisant voyager ses personnages sans jamais leur faire formuler des préjugés sur les mœurs des habitants. Ainsi, les frontières se rapprochent, et celui qu'on voyait hier comme un étranger menaçant sera demain perçu comme un voisin accommodant.

À retenir

- La société du XVIIIe siècle voit la monarchie remise en question.
- La bourgeoisie, qui contribue par son dynamisme à l'essor économique, veut étendre son pouvoir dans la sphère politique.
- L'aristocratie, qui veut protéger ses privilèges, ralentit le progrès social.
- Les Lumières sont celles de la raison et de la science, qui rejettent toute forme de dogmatisme.

Le contexte philosophique

Au XVIIIe siècle, la philosophie contribue à la révolution des idées. Si peu de philosophes remettent en cause le principe de Dieu, il s'en trouve plusieurs pour remettre en question le sens de l'intervention divine dans les affaires du monde. La logique éclaire le sens des mythes, relativise la portée des dogmes et dénonce les superstitions les plus enracinées. Les œuvres viennent de partout en Europe, surtout d'Angleterre avec les Pope, Locke et le célèbre scientifique Newton. Hormis les multiples allusions aux écrits du réformateur persan, Zoroastre, il sera question de la philosophie allemande dans *Zadig*, principalement celle de Leibniz, à laquelle Voltaire adhère sans grande conviction et qu'il critiquera sévèrement dans *Candide*, et ce, avec beaucoup d'ironie*.

Ironie

Manière de se moquer en disant le contraire de ce que l'on veut faire comprendre.

22

Le philosophe du siècle des Lumières fréquente les salons, les cafés littéraires, bref tous les lieux où les idées foisonnent et les bons mots sont de mise. En effet, pour se distinguer au XVIIIe siècle, il faut qu'un homme soit cultivé et capable de discourir en société. Les cours d'Europe l'accueillent – Voltaire ira à Berlin et Diderot à Saint-Pétersbourg – pour profiter de son savoir, mais surtout pour connaître son opinion sur les sujets touchant le pouvoir. À cet égard, Zadig représente très bien le modèle du philosophe des Lumières, soit un honnête homme doublé d'un penseur émérite, dont le jugement suscite l'admiration et provoque l'émulation.

Pour convaincre, critiquer et plaire, la langue devient l'instrument privilégié dont use le philosophe auprès de ses amis et admirateurs, et contre ses ennemis et calomniateurs. Outre ses charmes et sa beauté, la langue alimente les débats, les échanges, ce qui explique la large place laissée au dialogue dans la littérature du XVIIIe siècle.

Les philosophes des Lumières s'entretiennent de leurs idées : Voltaire, par exemple, échangera plus de vingt mille lettres avec les philosophes et hommes d'esprit de son temps. Cette effervescence intellectuelle se propagera jusque dans les cours d'Europe ; Voltaire séjournera à deux reprises à Berlin (1741, 1750-1753), Frédéric II, roi de Prusse, lui ayant offert l'hospitalité. Ressorti transformé de ses séjours en Prusse et en Angleterre, Voltaire présentera ces monarchies comme des modèles à suivre puisqu'on s'y montre capable de réconcilier l'absolutisme avec une forme d'ouverture, de rationalité. Dans *Zadig*, le roi Moabdar, avant son union avec Missouf, incarne ce « despote éclairé »

Tablée, Voltaire (à gauche) avec le roi Frédéric II de Prusse au château de Sanssouci, tableau d'Adolph von Menzel, 1850.

dont rêve le XVIIIᵉ siècle. De toutes les monarchies d'Europe, le modèle anglais devient celui qui séduit le plus et suscite l'envie des progressistes. Contrairement à la France, le pouvoir royal anglais est, depuis près de cent ans, contraint de composer avec un parlement. À cela s'ajoutent des progrès notables enregistrés dans le système judiciaire, comme l'obligation de faire passer tout suspect devant un juge après une arrestation (*habeas corpus*). L'année de la publication de *Zadig* paraît *De l'esprit des lois* de Montesquieu. L'écrivain y avance que les décisions politiques ne peuvent être du ressort d'un seul homme, raison pour laquelle il prône la séparation des pouvoirs exécutif, législatif et judiciaire, et une monarchie contrôlée par des représentants, comme en Angleterre. Cette prise de position se trouve aussi dans *Zadig*, Voltaire se montrant favorable à un « despotisme éclairé » (le roi Moabdar, avant son union avec la « Belle Capricieuse »).

L'art et la littérature

Le siècle s'ouvre dans le prolongement des deux esthétiques majeures du siècle précédent, le baroque et le classicisme. Si la première moitié du siècle voit le baroque en architecture et en sculpture se raffiner dans le détail et la profusion d'ornements, la seconde moitié adopte une forme plus sobre, inspirée du classicisme : le néo-classicisme. En peinture, Watteau, peintre passé maître dans les œuvres pastorales, Boucher, réputé pour ses couleurs vives, et Fragonard, privilégiant les gestes expressifs et les drapés en mouvement, sont de la première esthétique ; David, qui se tourne

vers les sujets mythologiques et la Révolution, Gros et Ingres, qui préfèrent la peinture d'histoire, les portraits et les nus féminins sont de la seconde.

De son côté, la littérature du XVIIIe siècle présente des œuvres qui s'éloignent du classicisme. Seule la poésie échappe à cette révolution, préférant toujours le respect des règles classiques comme mesure de la beauté. Le théâtre emprunte des formes moins rigides, plus légères, comme dans les comédies de Marivaux (*Le jeu de l'amour et du hasard*), mais reste toujours sous le sceau de la bienséance. Certains auteurs affichent plus directement leur critique du politique. On pense ici à Beaumarchais (*Le barbier de Séville* et *Le mariage de Figaro*), dont les œuvres réussissent le double pari de séduire et de faire réfléchir une société qui, progressivement, remet en question ses fondements.

Le roman trouve peu à peu sa place dans la hiérarchie des genres littéraires. Il est de plus en plus sujet à une forme de reconnaissance. Il adopte des tonalités variées, picaresque chez l'abbé Prévost (*Manon Lescault*), épistolaire* chez Montesquieu (*Lettres persanes*) et de Laclos (*Les liaisons dangereuses*), puis débridée dans *Jacques le fataliste et son maître* de Diderot. On assiste à l'invention d'un nouveau genre, l'autobiographie*, dont Rousseau prend l'initiative avec *Les confessions* et *Les rêveries du promeneur solitaire*.

De son côté, le conte apparaît comme un genre mineur, à rapprocher du divertissement. Voltaire en écrit plusieurs qu'il considère comme des amusements, lui qu'on reconnaissait, à l'époque, comme un dramaturge et un poète avant tout. Si, aujourd'hui,

Épistolaire

Caractérise ce qui appartient au genre de la correspondance par lettres (éditées en tant qu'œuvres littéraires).

Autobiographie

Genre littéraire où l'auteur et le personnage principal sont les mêmes personnes.

* : *Cf.* Glossaire

les contes de Voltaire sont appréciés tant des critiques que des lecteurs, l'accueil qu'ils avaient reçu au moment de leur publication avait été plus mitigé.

Finalement, s'il est un genre annonciateur de véritables changements, c'est bien l'essai. À cet égard, aucun siècle ne peut rivaliser avec le XVIIIe siècle, appelé « siècle des Lumières » pour de multiples raisons. D'abord, l'écrivain français de cette époque revêt les habits du philosophe en proposant une lecture du monde à travers le prisme de la logique, de la raison et du bon sens. Que ce soit Montesquieu, Voltaire, Rousseau ou Diderot, tous ces auteurs ont pour désir de combattre un monde fondé sur le fanatisme* et les dogmes religieux de tout acabit. L'époque fourmille d'idées. Plusieurs auteurs échangent sur différents sujets dans une riche correspondance, s'engagent dans des querelles philosophiques, comme ce fut le cas entre Voltaire et Rousseau, et participent aux travaux de l'*Encyclopédie*, véritable monument de la pensée du XVIIIe siècle, dirigée par Diderot et D'Alembert, dont l'ambition était de faire la synthèse des savoirs universels. Le résultat est stupéfiant : les grands penseurs du moment contribuent à cette œuvre qui compte des milliers d'articles et autant de gravures, sur des sujets incluant les savoirs techniques, comme l'agriculture, et les savoirs philosophiques, comme l'origine de la royauté.

De façon plus générale, de nombreuses caractéristiques se dégagent des écrits du XVIIIe siècle. L'une des premières choses que l'on remarque est la liberté de pensée et la liberté de mœurs dont fait preuve l'écrivain des Lumières, qui, d'une part, ne se contente

Fanatisme

Adhésion exaltée à une religion ou à une idéologie.

* : *Cf.* Glossaire

pas de répéter bêtement les choses : il dénonce, il s'insurge, il participe à un monde dont on remet en cause les repères et les fondements. Pour combattre les préjugés et les idées reçues, la science lui sera d'un inestimable recours. D'autre part, l'écrivain des Lumières a un goût certain pour l'interdit, proposant parfois des sujets audacieux qui déclenchent des scandales. Ensuite, les œuvres s'intéressent d'une façon marquée à la question du bonheur terrestre. On tente de concilier la recherche du bonheur individuel et le bien-être collectif. Quant au style, la clarté et l'ironie, mêlées à une tonalité sensible et optimiste, sont privilégiées. Cela permet de rejoindre le lectorat qui augmente de jour en jour. L'écrivain a le souci de trouver la façon de rallier ses lecteurs en vulgarisant les éléments théoriques ou en optant pour la confidence dans les récits. L'ironie aide à révéler l'humour, qui témoigne de la vivacité de l'esprit et de la profondeur de l'observation. Pour terminer, il est impératif de souligner un changement fondamental en ce qui concerne l'art, dont fait partie la littérature : l'art a une utilité sociale. Il permet de changer les choses. Désormais, il accompagnera l'homme dans sa quête de liberté et de bonheur.

À retenir

- En littérature, le roman et l'essai sont les genres privilégiés. Le théâtre et la poésie demeurent fidèles au classicisme.
- Les auteurs affichent une grande liberté de pensée et une grande liberté de mœurs.
- Les auteurs tentent de se rapprocher des lecteurs en vulgarisant les théories ou en optant pour la confidence dans le récit.
- L'art a une utilité sociale.

Tableau synthèse
Le récit, le théâtre et l'essai des Lumières

Composantes et intention des auteurs	Caractéristiques générales
Personnages Concevoir les personnages comme les porte-parole des idées de l'auteur dans la polémique du siècle.	• Personnages d'étrangers ou de «bons sauvages». • Personnages stéréotypés, surtout dans les contes, mis au service de l'argumentation. • Au théâtre, le représentant du peuple est un valet débrouillard et revendicateur.
Intrigue Faire réfléchir sur les faits de l'actualité; illustrer les «jeux de l'amour et du hasard».	• Conflits sociaux opposant le maître (la noblesse) à son valet (le peuple), et triomphe de ce dernier. • Action complexe à rebondissements multiples. • Déguisements et feintes. • Raffinement dans l'analyse psychologique.
Structure (s'applique dans certains cas à l'essai) Explorer différentes avenues en rejetant les règles de composition classiques.	• Textes hybrides, mêlant argumentation et fiction, comique et tragique. • Le dialogue s'impose dans la structuration du texte. • Juxtaposition libre des épisodes sans enchaînement chronologique, en suivant la loi du hasard. • Complexité des intrigues au théâtre. • Finalité morale ou philosophique: le lecteur doit pouvoir dégager un message à propos de Dieu et de la religion.
Thématique (s'applique à l'essai) Réformer la société, combattre les injustices et le fanatisme. Favoriser la liberté de pensée et de mœurs.	• Le bonheur sur terre pour l'individu et la société en général; le progrès social. • L'amour et l'érotisme.
Style (s'applique aussi à l'essai) Adopter un style naturel et souple, se prêtant à la fiction, à l'argumentation et à l'humour. Exprimer sa sensibilité.	• Vulgarisation, dans tous les genres, des idées dominantes du siècle. • Vocabulaire accessible et phrases alertes. • Audace de certaines descriptions ou de certains raisonnements. • Goût pour l'humour et les jeux de mots brillants ou raffinés. • Tonalités optimiste ou plutôt confidentielle (cette dernière, surtout chez Rousseau).

Présentation du conte

Premièrement, quels liens peut-on établir entre l'ensemble de ces connaissances et Zadig ?
Deuxièmement, en quoi ces informations peuvent-elles aider à comprendre l'œuvre ?

Pour avoir une bonne compréhension de *Zadig*, il faut d'abord établir des liens entre la vie de l'auteur et son récit. Une rapide comparaison entre Zadig et Voltaire révèle des parcours qui se ressemblent à bien des égards. Si Zadig souffre d'un exil à mettre sur le compte de son honnêteté et de sa probité, Voltaire quant à lui a connu la prison et l'exil, après avoir fait des commentaires jugés inappropriés, mais aussi à cause du caractère iconoclaste de son œuvre. La publication de *Zadig* arrive après des années difficiles où ses autres publications ont reçu un accueil mitigé. Pourtant, Voltaire jouit d'un prestige relatif à la cour : sous la protection de madame de Pompadour, il est nommé historiographe du roi en 1745 et, l'année suivante, élu à l'Académie française. Comme cela arrive souvent dans la vie de Voltaire, ce sont ses mots d'esprit qui finiront par causer sa perte, malgré la protection dont il jouit. Il devra quitter la cour de Versailles. Lorsque Voltaire écrit son conte oriental, il met en scène ce qu'il y a vu : ce qui se passe dans le palais de Moabdar ressemble bien à ce qui se passe à la cour du roi de France.

Liens avec la description de l'époque

Que Voltaire situe l'intrigue de son conte en Orient n'est pas anodin. Ce choix répond à deux objectifs : d'un côté, il inscrit l'œuvre dans la veine orientale fort populaire à l'époque et dont Montesquieu a pris l'initiative dans ses *Lettres persanes* ; d'un autre côté, cette distance géographique lui sert de subterfuge pour formuler une critique acerbe de l'Europe et de ses institutions et, ainsi, éviter la censure.

Voltaire propose une réflexion sur le pouvoir politique qui l'amène, par extension, à dénoncer les excès de la cour. L'absolutisme est remis en cause au chapitre 8 : Moabdar, jusque-là présenté comme un monarque raisonnable, se laisse emporter par la jalousie et revêt les habits du despote en ordonnant la mort de la reine et de Zadig. Voltaire présente des visages du pouvoir qui se complètent ou se contredisent selon les chapitres : le tyran subjugué par Missouf, « la Belle Capricieuse », se montre capable d'accepter qu'un sujet formule une opinion contraire (« c'est Votre Majesté seule qui mérite la coupe, c'est elle qui a fait l'action la plus inouïe, puisque, étant roi, vous ne vous êtes point fâché contre votre esclave, lorsqu'il contredisait votre passion », p. 69), mais peut aussi, ailleurs, exercer son autorité de façon implacable. L'auteur critique sans ambiguïté les rouages de la cour où jalousie et intérêt personnel s'incarnent dans les personnages de l'Envieux, l'Envieuse et Missouf, la

favorite tyrannique du roi Moabdar. Dans le conte de Voltaire, on trouve des rois et des maîtres qui écoutent l'avis des autres, qui demandent conseil et qui sont réceptifs aux conseils qu'on leur donne. Moabdar nomme Zadig premier ministre, même s'il le contredit, et Sétoc consulte son esclave. Le dernier chapitre de l'œuvre va encore plus loin. L'accession au pouvoir par voie héréditaire ne va plus de soi : Zadig est choisi pour ses qualités intellectuelles (les énigmes) et physiques (le tournoi) : « Il fut reconnu roi d'un consentement unanime » (p. 135-136).

Voltaire critique également la justice, en reprenant l'idée assez répandue qu'elle s'exerce à fort prix. Non seulement la justice est-elle corrompue, mais il lui arrive d'être arbitraire puisqu'elle est soumise aux caprices de l'autorité royale. Le procès de Zadig (chapitre 3), sa libération (chapitre 4) et la condamnation du ministre (chapitre 8) sont autant d'exemples qui posent la délicate question de la séparation des pouvoirs. Le dénouement de ces affaires montre que l'institution judiciaire n'a aucun pouvoir effectif de décision : il se trouvera toujours un roi pour le lui rappeler.

Finalement, Voltaire fait de la raison une valeur dominante en l'opposant à la superstition. Plutôt que de s'en remettre aux superstitions, Zadig exerce son entendement afin de donner un sens à ce qui lui arrive. Le merveilleux oriental qui se révèle dans le débat sur les griffons ou la manière de soigner le seigneur Ogul (avec un basilic ou avec un régime approprié ?) permet au bon sens de triompher.

Liens avec les courants artistiques, littéraires et philosophiques de l'époque

Avec *Zadig*, Voltaire présente un conte dont la structure en spirale est à rapprocher du baroque. Bien qu'il ait joui d'un bon accueil au moment de sa publication, le conte manque de fil conducteur et sa structure est un peu disloquée. On l'aura reproché à Voltaire, qui, en 1748, proposera des changements pour pallier la succession apparemment décousue des épisodes. Néanmoins, la structure du récit, sa fin surprenante et le fait qu'il existerait des chapitres inconnus renforcent l'appartenance de ce conte à l'esthétique baroque.

Au XVIIIᵉ siècle, le conte n'est pas considéré comme un genre majeur mais, vers la fin du siècle, il jouira d'une plus grande considération, grâce à Voltaire notamment. Pour rédiger *Zadig*, l'écrivain s'inspire des *Mille et une nuits*. Voltaire s'inscrit donc dans une mode qui assure une bonne diffusion à son récit, tout en se permettant l'utilisation du merveilleux pour étayer sa critique des superstitions.

Sous le voile séduisant de la fiction orientale, Voltaire ne se contente pas de critiquer la cour et les institutions françaises. En réfléchissant au sens de l'existence, il reprend des grands pans de la thèse de Leibniz. Dans *Zadig*, le personnage éponyme, honnête homme à la pensée claire, juste et remarquable, subit les contrecoups de sa propension à dire la vérité en toute circonstance. En somme, Zadig vit malheur après malheur

parce qu'il a voulu faire le bien en refusant de dissimuler sa pensée derrière le mensonge. En 1710, Leibniz publie en français *Essais de théodicée*, dans lesquels il propose une réponse à la question de l'existence. Ces essais séduiront bon nombre de philosophes dont Voltaire, mais pour une courte période cependant. Pour Leibniz, le monde créé par Dieu ne peut être que parfait; le Mal n'est donc qu'apparent, et si nous pensons que le monde souffre, c'est que nous sommes incapables de percevoir la finalité nécessairement bonne qui justifie cette souffrance. « Il se peut que tous les maux ne soient aussi qu'un presque néant en comparaison des biens qui sont dans l'univers. » C'est cette position que défend Jesrad à la fin de *Zadig*, donnant ainsi un sens aux malheurs successifs du héros. La pensée de Voltaire évoluera vers un pessimisme qui, après le tremblement de terre de Lisbonne (1755), teintera fortement *Candide* (1759).

Comme le suggère le titre du conte, la question du destin est au cœur de *Zadig*. Par l'entremise des expériences du personnage éponyme, le lecteur est amené à prendre conscience de ses droits comme individu et comme citoyen. L'homme est-il libre ou soumis à plus grand que lui? Le Zadig de Voltaire représente l'homme qui se sent comme une marionnette aux mains de plus puissants que lui. Jesrad lui montrera qu'il a tort, que toute cause a un effet, que les pauvres mortels ne peuvent voir plus loin qu'eux-mêmes – pour Zadig ce chemin mène à Astarté et au pouvoir – parce qu'ils sont dépourvus de « Providence » (étymologiquement *pro videre* signifie « voir plus loin »). Cette idée de Leibniz voulant que l'homme ne puisse comprendre le

dessein divin qui le dépasse sera reprise plus tard par le philosophe britannique Pope (1732) qui tranchera la question – l'homme ne devrait pas se mêler de ce qui le dépasse. Ces affirmations sur la suprématie de Dieu émises par des hommes d'esprit jouissant d'une grande renommée donnent un aperçu de l'immense chemin à parcourir avant que soit reconnue la préséance de l'esprit critique. Il faudra à Voltaire une dizaine d'années avant que ce changement s'opère définitivement dans sa pensée, avec la publication en 1759 de *Candide*. Dans ce conte, Voltaire ridiculise la pensée de Leibniz sous les traits de Pangloss, le précepteur de Candide. L'optimisme de Leibniz est parodié et devient «la rage de soutenir que tout est bien quand on est mal».

Dans *Zadig*, Voltaire maintient un double point de vue*. D'une part, sous les traits de Jesrad, il prend le parti de la Providence pour qui «il n'y a pas de mal dont il ne naisse de bien». D'autre part, le dénouement du conte rappelle le «tout est bien qui finit bien» du conte traditionnel et acquiert une valeur philosophique: Zadig a épousé Astarté et il est roi. La finale de *Candide* comporte beaucoup plus de nuances et de retenue. Néanmoins, cette Providence incarnée par Jesrad apparaît à la fin du récit (chapitre 18) alors que le lecteur conserve un souvenir assez vif des injustices que découvre Zadig, lui qui, avant de rencontrer Jesrad, avait une vision de l'existence nettement plus pessimiste. Et le lecteur lui donnerait plutôt raison, car la vie de Zadig est une succession de malheurs.

En 1747, lorsque Voltaire écrit *Zadig*, le projet de l'*Encyclopédie* existe depuis un an (projet lancé en 1746, publication du premier volume en 1751), et Buffon

Point de vue

Position de l'auteur, du narrateur ou du personnage par rapport à ce qui est présenté dans le texte; on parle aussi de *focalisation*.

* : *Cf.* Glossaire

publie son *Histoire naturelle* (de 1749 à 1789). Les Lumières sont bien celles de la raison et de la science. Les Lumières sont multiples, dans la foi comme dans l'incroyance ; elles n'affirment pas une doctrine unique ; elles n'appellent que le recul du fanatisme et de l'obscurantisme. C'est la raison pour laquelle la démarche des philosophes du XVIIIe siècle est avant tout critique : c'est en soulignant les abus et en remettant en cause la toute-puissance de certaines institutions, surtout religieuses, que l'on peut espérer éclairer les hommes et progresser.

Le progrès va de pair avec l'éducation, avec la diffusion des idées. Or la censure existe : Voltaire connaît la Bastille, l'exil, l'interdiction de séjourner... Pour séduire ses lecteurs, mais aussi pour contourner la censure, la pensée des Lumières se camoufle dans la fiction et les formes comiques. Le pseudonyme de Sadi que l'on trouve dans l'« Épître dédicatoire » est une invitation au décodage : le lecteur sait que Voltaire se cache derrière et il comprend que la fiction orientale n'est qu'un masque.

À retenir

- Le baroque : la structure non linéaire du récit, sa fin surprenante et le fait qu'il existerait des chapitres inconnus renforcent l'appartenance de ce conte à l'esthétique baroque.
- La Destinée : *Zadig* pose la question du Mal pour dénoncer les injustices qui nuisent au bonheur de l'être humain sur terre.
- *Zadig* illustre les thèmes du siècle des Lumières, notamment celui du bonheur terrestre, tout en dénonçant l'intolérance et l'injustice.
- Voltaire adopte un point de vue critique, lui aussi typique des Lumières.

Voltaire en son temps

	Vie et œuvre de Voltaire	Événements historiques	Événements culturels et scientifiques
1694	Naissance à Paris de François-Marie Arouet.		
1704	Élève au collège Louis-le-Grand.		Traduction des *Mille et une nuits* par Galland.
1710			Leibniz publie en français ses *Essais de théodicée*.
1715		Mort de Louis XIV. Régence du duc d'Orléans.	
1717	Est emprisonné à la Bastille pour des poèmes contre le régent.		
1718	La tragédie *Œdipe* est jouée avec succès à la Comédie-Française.		
1720		La peste ravage la Provence (85 000 morts).	Antoine Watteau peint *Pèlerinage à l'île de Cythère*.
1721			Montesquieu, *Lettres persanes*.
1723		Début du règne de Louis XV.	
1725			Apogée de la période baroque en musique avec les œuvres de Bach, Haendel, Vivaldi et D. Scarlatti.
1726	À la suite d'une querelle avec le chevalier de Rohan, Voltaire s'exile en Angleterre (⇨ 1728).		Jonathan Swift, *Les voyages de Gulliver*.
1730			Mise au point d'instruments de mesure : thermomètre, chronomètre, etc. (⇨ 1734). Marivaux, *Le jeu de l'amour et du hasard*.

	Vie et œuvre de Voltaire	Événements historiques	Événements culturels et scientifiques
1731			Prévost, *Manon Lescaut*.
1732	La tragédie *Zaïre* obtient un grand succès.		
1733	Début de sa liaison avec madame du Châtelet.	Stanislas Ier est élu roi de Pologne avec l'appui de Louis XV.	
1734	La publication des *Lettres philosophiques* oblige Voltaire à se réfugier à Cirey en Lorraine.		
1735			Essor de l'opéra français: Rameau, *Les Indes galantes*.
1736		Stanislas Ier est chassé du trône par les Russes.	
1740	Rencontre avec Frédéric II, nouveau roi de Prusse.		
1742	La tragédie *Mahomet* obtient un grand succès à Lille.		
1745	Devient historiographe de France.	La marquise de Pompadour devient la maîtresse du roi Louis XV.	
1746	Est élu à l'Académie française.		
1747	Entre en disgrâce à la Cour. Première version de *Zadig*. Séjours à la cour de Stanislas à Lunéville.		

	Vie et œuvre de Voltaire	Événements historiques	Événements culturels et scientifiques
1748		La Prusse, par le traité d'Aix-la-Chapelle, devient une grande puissance.	Montesquieu rédige *De l'esprit des lois*.
1749	Décès de madame du Châtelet.		Buffon commence la publication de son *Histoire naturelle*. François Boucher peint *Un automne pastoral*.
1750	Séjour à Berlin (⇨ 1753).		
1751	*Le siècle de Louis XIV*.		
1753	Est emprisonné à Francfort.		Publication des volumes I et II de l'*Encyclopédie*.
1755	S'installe aux *Délices*, en Suisse.	Tremblement de terre à Lisbonne. En Nouvelle-France, prise de l'Acadie et déportation des Acadiens par les Anglais.	Rousseau écrit *Discours sur l'origine et les fondements de l'inégalité parmi les hommes*.
1756	*Essai sur les mœurs*.	Guerre de Sept ans (⇨ 1763).	
1757		L'amiral anglais Bing est exécuté. Damiens tente d'assassiner Louis XV.	
1759	Publie *Candide* de façon anonyme.	Défaite des troupes françaises sur les plaines d'Abraham à Québec.	La publication de l'*Encyclopédie* est interdite. Début du classicisme en musique : Haydn fixe les règles de la symphonie classique.
1760	S'installe à Ferney.	Capitulation de Montréal. Début de la révolution industrielle en Angleterre.	
1762		Le protestant Jean Callas est exécuté.	Rousseau, *Émile ou De l'éducation*.
1763	*Traité sur la tolérance*.	Le traité de Paris clôt la guerre de Sept ans.	

40

Chronologie

	Vie et œuvre de Voltaire	Événements historiques	Événements culturels et scientifiques
1764	*Dictionnaire philosophique.*	L'ordre des Jésuites est dissous en France.	
1766		Le chevalier de La Barre est exécuté.	
1767	*L'ingénu.*		
1773			Diderot, *Jacques le fataliste et son maître.*
1774		Mort de Louis XV. Début du règne de Louis XVI.	Goethe, *Werther.*
1775		Début de la guerre d'indépendance des États-Unis d'Amérique (→ 1783).	
1778	Revient à Paris en février. Y meurt le 30 mai.		Mort de Jean-Jacques Rousseau.
1781			Grands traités philosophiques de Kant : *Critique de la raison pure*, etc. (→ 1790).
1784			Jacques-Louis David peint *Le Serment des Horaces.*
1786			Période des grands opéras de Mozart : *Les noces de Figaro* et *Don Giovanni.*
1787		Première Constitution américaine.	
1789		Le 14 juillet, début de la Révolution française.	Début de la rédaction des *Mémoires* de Casanova. Lavoisier, *Traité élémentaire de chimie.*
1791	Transfert de ses cendres au Panthéon.	En juin, Louis XVI est arrêté à Varennes.	
1799		Coup d'État de Napoléon Ier. Fin de la Révolution.	

Z comme Zadig, Griffon Théâtre, 2009.

et cet autre ordre, qui serait parfait, ne peut être que dans la demeure éternelle de l'Être suprême[1], de qui le mal ne peut approcher. Il a créé des millions de mondes dont aucun ne peut ressembler à l'autre. Cette immense variété est un attribut de Sa
175 puissance immense. Il n'y a ni deux feuilles d'arbre sur la Terre, ni deux globes dans les champs infinis du ciel, qui soient semblables ; et tout ce que tu vois sur le petit atome où tu es né devait être dans sa place et dans son temps fixe, selon les ordres immuables de Celui qui embrasse tout. Les hommes pensent que
180 cet enfant qui vient de périr est tombé dans l'eau par hasard, que c'est par un même hasard que cette maison est brûlée ; mais il n'y a point de hasard : tout est épreuve, ou punition, ou récompense, ou prévoyance. Souviens-toi de ce pêcheur qui se croyait le plus malheureux de tous les hommes. Orosmade t'a envoyé pour
185 changer sa destinée. Faible mortel, cesse de disputer[2] contre ce qu'il faut adorer. – Mais, dit Zadig… » Comme il disait *mais,* l'ange prenait déjà son vol vers la dixième sphère[3]. Zadig, à genoux, adora la Providence, et se soumit. L'ange lui cria du haut des airs : « Prends ton chemin vers Babylone. »

notes

1. **Être suprême** : le déisme des Lumières est ici sous-jacent.
2. **disputer** : raisonner.

3. **dixième sphère** : la plus élevée des sphères qui composent, selon le Grec Ptolémée, l'univers et où séjournent les dieux et les bienheureux.

chapitre dix-neuvième

Les Énigmes

Zadig, hors de lui-même et comme un homme auprès de qui est tombé le tonnerre, marchait au hasard. Il entra dans Babylone le jour où ceux qui avaient combattu dans la lice[1] étaient déjà assemblés dans le grand vestibule du palais pour expliquer les énigmes, et pour répondre aux questions du grand mage. Tous les chevaliers étaient arrivés, excepté l'armure verte. Dès que Zadig parut dans la ville, le peuple s'assembla autour de lui ; les yeux ne se rassasiaient point de le voir, les bouches de le bénir, les cœurs de lui souhaiter l'Empire. L'Envieux le vit passer, frémit, et se détourna ; le peuple le porta jusqu'au lieu de l'assemblée. La reine, à qui on apprit son arrivée, fut en proie à l'agitation de la crainte et de l'espérance ; l'inquiétude la dévorait : elle ne pouvait comprendre ni pourquoi Zadig était sans armes, ni comment Itobad portait l'armure blanche. Un murmure confus s'éleva à la vue de Zadig. On était surpris et

passage analysé

5

10

15

note
....

| 1. la lice : le lieu du tournoi.

133

charmé de le revoir ; mais il n'était permis qu'aux chevaliers qui avaient combattu de paraître dans l'assemblée.

« J'ai combattu comme un autre, dit-il ; mais un autre porte ici mes armes ; et, en attendant que j'aie l'honneur de le prouver, je demande la permission de me présenter pour expliquer les énigmes. » On alla aux voix[1] : sa réputation de probité était encore si fortement imprimée dans les esprits qu'on ne balança pas[2] à l'admettre.

Le grand mage proposa d'abord cette question :

« Quelle est de toutes les choses du monde la plus longue et la plus courte, la plus prompte et la plus lente, la plus divisible et la plus étendue, la plus négligée et la plus regrettée, sans qui rien ne peut se faire, qui dévore tout ce qui est petit, et qui vivifie tout ce qui est grand ? »

C'était à Itobad à parler. Il répondit qu'un homme comme lui n'entendait rien aux énigmes, et qu'il suffisait d'avoir vaincu à grands coups de lance. Les uns dirent que le mot de l'énigme était la fortune, d'autres la Terre, d'autres la lumière. Zadig dit que c'était le temps. « Rien n'est plus long, ajouta-t-il, puisqu'il est la mesure de l'éternité ; rien de plus court, puisqu'il manque à tous nos projets ; rien n'est plus lent pour qui attend ; rien de plus rapide pour qui jouit ; il s'étend jusqu'à l'infini en grand ; il se divise jusque dans l'infini en petit ; tous les hommes le négligent, tous en regrettent la perte ; rien ne se fait sans lui ; il fait oublier tout ce qui est indigne de la postérité, et il immortalise les grandes choses. » L'assemblée convint que Zadig avait raison.

[On demanda ensuite : « Quelle est la chose qu'on reçoit sans remercier, dont on jouit sans savoir comment, qu'on donne aux autres quand on ne sait où l'on en est, et qu'on perd sans s'en apercevoir ? »

notes

| 1. On alla aux voix : on vota. | 2. on ne balança pas : on n'hésita pas.

Chacun dit son mot. Zadig devina seul que c'était la vie.]¹ Il expliqua toutes les autres énigmes avec la même facilité. Itobad disait toujours que rien n'était plus aisé, et qu'il en serait venu à bout tout aussi facilement s'il avait voulu s'en donner la peine.

50 On proposa des questions sur la justice, sur le souverain bien, sur l'art de régner. Les réponses de Zadig furent jugées les plus solides. « C'est bien dommage, disait-on, qu'un si bon esprit soit un si mauvais cavalier.

— Illustres seigneurs, dit Zadig, j'ai eu l'honneur de vaincre dans

55 la lice. C'est à moi qu'appartient l'armure blanche. Le seigneur Itobad s'en empara pendant mon sommeil : il jugea apparemment qu'elle lui siérait mieux que la verte. Je suis prêt de² lui prouver d'abord devant vous, avec ma robe et mon épée, contre toute cette belle armure blanche qu'il m'a prise, que c'est moi qui

60 ai eu l'honneur de vaincre le brave Otame. »

Itobad accepta le défi avec la plus grande confiance. Il ne doutait pas qu'étant casqué, cuirassé, brassardé, il ne vînt aisément à bout d'un champion en bonnet de nuit et en robe de chambre. Zadig tira son épée, en saluant la reine, qui le regardait, pénétrée

65 de joie et de crainte. Itobad tira la sienne, en ne saluant personne. Il s'avança sur Zadig comme un homme qui n'avait rien à craindre. Il était prêt à lui fendre la tête. Zadig sut parer le coup, en opposant ce qu'on appelle le fort de l'épée³ au faible de son adversaire, de façon que l'épée d'Itobad se rompît. Alors Zadig,

70 saisissant son ennemi au corps, le renversa par terre ; et, lui portant la pointe de son épée au défaut de la cuirasse : « Laissez-vous désarmer, dit-il, ou je vous tue. » Itobad, toujours surpris des disgrâces qui arrivaient à un homme comme lui, laissa faire Zadig, qui lui ôta paisiblement son magnifique casque, sa superbe

75 cuirasse, ses beaux brassards, ses brillants cuissards, s'en revêtit, et courut, dans cet équipage, se jeter aux genoux d'Astarté. Cador prouva aisément que l'armure appartenait à Zadig. Il fut reconnu

passage analysé

---

notes

1. Ajout de 1748.
2. prêt de : prêt à.

3. le fort de l'épée : premier tiers de l'épée à partir de la garde.

roi d'un consentement unanime, et surtout de celui d'Astarté, qui goûtait, après tant d'adversités[1], la douceur de voir son amant
80 digne aux yeux de l'univers d'être son époux. Itobad alla se faire appeler monseigneur dans sa maison[2]. Zadig fut roi, et fut heureux. Il avait présent à l'esprit ce que lui avait dit l'ange Jesrad. Il se souvenait même du grain de sable devenu diamant[3]. La reine et lui adorèrent la Providence. Zadig laissa la belle capricieuse
85 Missouf courir le monde. Il envoya chercher le brigand Arbogad, auquel il donna un grade honorable dans son armée, avec promesse de l'avancer aux premières dignités s'il se comportait en vrai guerrier, et de le faire pendre s'il faisait le métier de brigand.

Sétoc fut appelé du fond de l'Arabie, avec la belle Almona,
90 pour être à la tête du commerce de Babylone. Cador fut placé et chéri selon ses services ; [il fut l'ami du roi, et le roi fut alors le seul monarque de la Terre qui eût un ami. Le petit muet ne fut pas oublié. On donna une belle maison au pêcheur. Orcan fut condamné à lui payer une grosse somme et à lui rendre sa
95 femme ; mais le pêcheur, devenu sage, ne prit que l'argent.][4]

Ni la belle Sémire ne se consolait d'avoir cru que Zadig serait borgne, ni Azora ne cessait de pleurer d'avoir voulu lui couper le nez. Il adoucit leurs douleurs par des présents. L'Envieux mourut de rage et de honte. L'Empire jouit de la paix, de la gloire et de
100 l'abondance ; ce fut le plus beau siècle de la terre : elle était gouvernée par la justice et par l'amour. On bénissait Zadig, et Zadig bénissait le Ciel.

passage analysé

notes
_____

1. **adversités :** contrariétés, malheurs.
2. **Itobad [...] maison :** Itobad renonça à régner sur un autre royaume que sa maison.
3. **grain [...] diamant :** allusion au discours du brigand dans le chapitre 14.
4. Ajout de 1748.

La Danse[1]

Sétoc devait aller, pour les affaires de son commerce, dans l'île de Serendib[2] ; mais le premier mois de son mariage, qui est, comme on sait, la lune de miel, ne lui permettait ni de quitter sa femme, ni de croire qu'il pût jamais la quitter : il pria son ami
5 Zadig de faire pour lui le voyage. « Hélas ! disait Zadig, faut-il que je mette encore un plus vaste espace entre la belle Astarté et moi ? Mais il faut servir mes bienfaiteurs. » Il dit, il pleura, et il partit.

Il ne fut pas longtemps dans l'île de Serendib sans y être regardé
10 comme un homme extraordinaire. Il devint l'arbitre de tous les différends[3] entre les négociants, l'ami des sages, le conseil[4] du petit nombre de gens qui prennent conseil. Le roi voulut le voir et l'entendre. Il connut bientôt tout ce que valait Zadig ; il eut confiance en sa sagesse, et en fit son ami. La familiarité et l'estime
15 du roi firent trembler Zadig. Il était nuit et jour pénétré du malheur que lui avaient attiré les bontés de Moabdar. « Je plais au roi, disait-il ; ne serai-je pas perdu ? » Cependant il ne pouvait se dérober aux caresses[5] de Sa Majesté : car il faut avouer que Nabussan, roi de Serendib, fils de Nussanab, fils de Nabassun, fils
20 de Sanbusna, était un des meilleurs princes de l'Asie, et que, quand on lui parlait, il était difficile de ne le pas aimer.

Ce bon prince était toujours loué, trompé et volé : c'était à qui pillerait ses trésors. Le receveur général[6] de l'île de Serendib donnait toujours cet exemple, fidèlement suivi par les autres. Le
25 roi le savait : il avait changé de trésorier plusieurs fois ; mais il n'avait pu changer la mode établie de partager les revenus du roi

---

notes

1. Vraisemblablement écrits par Voltaire à Berlin, ce chapitre et le suivant furent publiés pour la première fois dans l'édition posthume de Kehl (1785), où ils portaient les numéros xiv et xv.
2. Serendib : Ceylan.

3. différends : mésententes.
4. conseil : conseiller.
5. caresses : marques d'affection.
6. receveur général : collecteur d'impôts.

en deux moitiés inégales, dont la plus petite revenait toujours à Sa Majesté, et la plus grosse aux administrateurs.

Le roi Nabussan confia sa peine au sage Zadig. « Vous qui savez
30 tant de belles choses, lui dit-il, ne sauriez-vous point le moyen de me faire trouver un trésorier qui ne me vole point ? – Assuré-ment, répondit Zadig, je sais une façon infaillible de vous donner un homme qui ait les mains nettes. » Le roi, charmé, lui demanda en l'embrassant comment il fallait s'y prendre. « Il n'y a, dit
35 Zadig, qu'à faire danser tous ceux qui se présenteront pour la dignité de trésorier, et celui qui dansera avec le plus de légèreté sera infailliblement le plus honnête homme. – Vous vous moquez, dit le roi ; voilà une plaisante façon de choisir un receveur de mes finances. Quoi ! vous prétendez que celui qui
40 fera le mieux un entrechat[1] sera le financier le plus intègre et le plus habile ? – Je ne vous réponds pas qu'il sera le plus habile, repartit Zadig ; mais je vous assure que ce sera indubitablement le plus honnête homme. » Zadig parlait avec tant de confiance que le roi crut qu'il avait quelque secret surnaturel pour connaître les
45 financiers. « Je n'aime pas le surnaturel, dit Zadig ; les gens et les livres à prodiges[2] m'ont toujours déplu : si Votre Majesté veut me laisser faire l'épreuve que je lui propose, elle sera bien convaincue que mon secret est la chose la plus simple et la plus aisée. » Nabussan, roi de Serendib, fut bien plus étonné d'entendre que
50 ce secret était simple que si on le lui avait donné pour un miracle. « Or bien, dit-il, faites comme vous l'entendrez. – Laissez-moi faire, dit Zadig, vous gagnerez à cette épreuve plus que vous ne pensez. » Le jour même il fit publier, au nom du roi, que tous ceux qui prétendaient à l'emploi du haut receveur des deniers de
55 Sa Gracieuse Majesté Nabussan, fils de Nussanab, eussent à se rendre, en habits de soie légère, le premier de la lune du crocodile, dans l'antichambre du roi. Ils s'y rendirent au nombre

notes

| **1. entrechat** : pas de danse qui consiste en un saut. | **2. livres à prodiges** : livres qui rapportent des phénomènes surnaturels. |

de soixante et quatre. On avait fait venir des violons[1] dans un salon voisin ; tout était préparé pour le bal ; mais la porte de ce salon était fermée, et il fallait, pour y entrer, passer par une petite galerie assez obscure. Un huissier vint chercher et introduire chaque candidat, l'un après l'autre, par ce passage dans lequel on le laissait seul quelques minutes. Le roi, qui avait le mot, avait étalé tous ses trésors dans cette galerie. Lorsque tous les prétendants furent arrivés dans le salon, Sa Majesté ordonna qu'on les fît danser. Jamais on ne dansa plus pesamment et avec moins de grâce ; ils avaient tous la tête baissée, les reins courbés, les mains collées à leurs côtés. « Quels fripons ! » disait tout bas Zadig. Un seul d'entre eux formait des pas avec agilité, la tête haute, le regard assuré, les bras étendus, le corps droit, le jarret ferme. « Ah ! l'honnête homme ! le brave homme ! » disait Zadig. Le roi embrassa ce bon danseur, le déclara trésorier, et tous les autres furent punis et taxés avec la plus grande justice du monde : car chacun, dans le temps qu'il avait été dans la galerie, avait rempli ses poches et pouvait à peine marcher. Le roi fut fâché pour la nature humaine que de ces soixante et quatre danseurs il y eût soixante et trois filous. La galerie obscure fut appelée *le corridor de la Tentation*. On aurait, en Perse, empalé ces soixante et trois seigneurs ; en d'autres pays, on eût fait une chambre de justice qui eût consommé en frais le triple de l'argent volé, et qui n'eût rien remis dans les coffres du souverain ; dans un autre royaume, ils se seraient pleinement justifiés, et auraient fait disgracier ce danseur si léger : à Serendib, ils ne furent condamnés qu'à augmenter le trésor public, car Nabussan était fort indulgent.

Il était aussi fort reconnaissant ; il donna à Zadig une somme d'argent plus considérable qu'aucun trésorier n'en avait jamais volé au roi son maître. Zadig s'en servit pour envoyer des exprès[2] à Babylone, qui devaient l'informer de la destinée d'Astarté. Sa voix trembla en donnant cet ordre, son sang reflua vers son cœur,

notes

| 1. **violons** : violonistes. | 2. **exprès** : messagers rapides.

90 ses yeux se couvrirent de ténèbres, son âme fut prête à l'abandonner. Le courrier partit, Zadig le vit embarquer ; il rentra chez le roi, ne voyant personne, croyant être dans sa chambre, et prononçant le nom d'*amour*. « Ah ! l'amour, dit le roi, est précisément ce dont il s'agit ; vous avez deviné ce qui fait ma
95 peine. Que vous êtes un grand homme ! J'espère que vous m'apprendrez à connaître une femme à toute épreuve, comme vous m'avez fait trouver un trésorier désintéressé. » Zadig, ayant repris ses sens, lui promit de le servir en amour comme en finance, quoique la chose parût plus difficile encore.

Les Yeux bleus

« L e corps et le cœur », dit le roi à Zadig... À ces mots, le Babylonien ne put s'empêcher d'interrompre Sa Majesté. « Que je vous sais bon gré, dit-il, de n'avoir point dit *l'esprit et le cœur* ! car on n'entend que ces mots dans les conver-
5 sations de Babylone ; on ne voit que des livres où il est question du cœur et de l'esprit composés par des gens qui n'ont ni l'un ni l'autre ; mais, de grâce, Sire, poursuivez. » Nabussan continua ainsi : « Le corps et le cœur sont chez moi destinés à aimer ; la première de ces deux puissances a tout lieu d'être satisfaite. J'ai ici
10 cent femmes à mon service, toutes belles, complaisantes, préve-nantes, voluptueuses même, ou feignant de l'être avec moi. Mon cœur n'est pas à beaucoup près si heureux. Je n'ai que trop éprouvé qu'on caresse beaucoup le roi de Serendib, et qu'on se soucie fort peu de Nabussan. Ce n'est pas que je croie mes
15 femmes infidèles ; mais je voudrais trouver une âme qui fût à moi ; je donnerais pour un pareil trésor les cent beautés dont je possède les charmes : voyez si, sur ces cent sultanes, vous pouvez m'en trouver une dont je sois sûr d'être aimé. »

Zadig lui répondit comme il avait fait sur l'article des finan-
20 ciers : « Sire, laissez-moi faire ; mais permettez d'abord que je dispose de ce que vous aviez étalé dans la galerie de la Tentation ; je vous en rendrai bon compte et vous n'y perdrez rien. » Le roi le laissa le maître absolu. Il choisit dans Serendib trente-trois petits bossus des plus vilains qu'il pût trouver, trente-trois pages
25 des plus beaux, et trente-trois bonzes[1] des plus éloquents et des plus robustes. Il leur laissa à tous la liberté d'entrer dans les cellules des sultanes ; chaque petit bossu eut quatre mille pièces d'or à donner, et dès le premier jour tous les bossus furent heureux. Les pages, qui n'avaient rien à donner qu'eux-mêmes, ne triomphè-
30 rent qu'au bout de deux ou trois jours. Les bonzes eurent un peu

note
....

| **1. bonzes** : prêtres bouddhistes.

plus de peine ; mais enfin trente-trois dévotes se rendirent à eux. Le roi, par des jalousies[1] qui avaient vue sur toutes les cellules, vit toutes ces épreuves, et fut émerveillé. De ses cent femmes, quatre-vingt-dix-neuf succombèrent à ses yeux.

35 Il en restait une toute jeune, toute neuve, de qui Sa Majesté n'avait jamais approché. On lui détacha un, deux, trois bossus, qui lui offrirent jusqu'à vingt mille pièces ; elle fut incorruptible, et ne put s'empêcher de rire de l'idée qu'avaient ces bossus de croire que de l'argent les rendrait mieux faits. On lui présenta les

40 deux plus beaux pages ; elle dit qu'elle trouvait le roi encore plus beau. On lui lâcha le plus éloquent des bonzes, et ensuite le plus intrépide ; elle trouva le premier un bavard, et ne daigna pas même soupçonner le mérite du second. « Le cœur fait tout, disait-elle ; je ne céderai jamais ni à l'or d'un bossu, ni aux grâces

45 d'un jeune homme, ni aux séductions d'un bonze ; j'aimerai uniquement Nabussan fils de Nussanab, et j'attendrai qu'il daigne m'aimer. » Le roi fut transporté de joie, d'étonnement et de tendresse. Il reprit tout l'argent qui avait fait réussir les bossus, et en fit présent à la belle Falide ; c'était le nom de cette jeune

50 personne. Il lui donna son cœur : elle le méritait bien. Jamais la fleur de la jeunesse ne fut si brillante ; jamais les charmes de la beauté ne furent si enchanteurs. La vérité de l'histoire ne permet pas de taire qu'elle faisait mal la révérence ; mais elle dansait comme les fées, chantait comme les sirènes et parlait comme les

55 Grâces[2] : elle était pleine de talents et de vertus.

Nabussan, aimé, l'adora ; mais elle avait les yeux bleus, et ce fut la source des plus grands malheurs. Il y avait une ancienne loi qui défendait aux rois d'aimer une de ces femmes que les Grecs ont appelées depuis *boopies*[3]. Le chef des bonzes avait établi cette loi

60 il y avait plus de cinq mille ans ; c'était pour s'approprier la maîtresse du premier roi de l'île de Serendib que ce premier

notes

1. **jalousies** : persiennes d'où l'on peut voir sans être vu.
2. **les Grâces** : divinités grecques représentant la beauté.

3. **boopies** : femmes aux grands yeux chez Homère.

bonze avait fait passer l'anathème[1] des yeux bleus en constitution
fondamentale d'État. Tous les ordres de l'Empire vinrent faire à
Nabussan des remontrances. On disait publiquement que les
65 derniers jours du royaume étaient arrivés, que l'abomination était
à son comble, que toute la nature était menacée d'un événement
sinistre ; qu'en un mot Nabussan fils de Nussanab aimait deux
grands yeux bleus. Les bossus, les financiers, les bonzes et les
brunes remplirent le royaume de leurs plaintes.
70   Les peuples sauvages qui habitent le nord de Serendib profitè-
rent de ce mécontentement général. Ils firent une irruption dans
les États du bon Nabussan. Il demanda des subsides[2] à ses sujets ;
les bonzes, qui possédaient la moitié des revenus de l'État, se
contentèrent de lever les mains au ciel, et refusèrent de les mettre
75 dans leurs coffres pour aider le roi. Ils firent de belles prières en
musique, et laissèrent l'État en proie aux barbares.
        « Ô mon cher Zadig, me tireras-tu encore de cet horrible
embarras ? s'écria douloureusement Nabussan. – Très volontiers,
répondit Zadig ; vous aurez de l'argent des bonzes tant que vous
80 en voudrez. Laissez à l'abandon les terres où sont situés leurs
châteaux, et défendez seulement les vôtres. » Nabussan n'y
manqua pas : les bonzes vinrent se jeter aux pieds du roi et
implorer son assistance. Le roi leur répondit par une belle
musique dont les paroles étaient des prières au Ciel pour la
85 conservation de leurs terres. Les bonzes enfin donnèrent de
l'argent, et le roi finit heureusement la guerre. Ainsi Zadig, par
ses conseils sages et heureux, et par les plus grands services, s'était
attiré l'irréconciliable inimitié des hommes les plus puissants de
l'État : les bonzes et les brunes jurèrent sa perte ; les financiers et
90 les bossus ne l'épargnèrent pas ; on le rendit suspect au bon
Nabussan. Les services rendus restent souvent dans l'antichambre[3], et les soupçons entrent dans le cabinet[4], selon la

---

notes

1. anathème : interdiction pour des raisons
religieuses.
2. subsides : aides financières.

3. antichambre : pièce où l'on attend avant
d'entrer dans le cabinet.
4. cabinet : lieu où le roi reçoit ses proches.

sentence de Zoroastre : c'était tous les jours de nouvelles accusations ; la première est repoussée, la seconde effleure, la troi-
95 sième blesse, la quatrième tue.

Zadig intimidé, qui avait bien fait les affaires de son ami Sétoc et qui lui avait fait tenir son argent, ne songea plus qu'à partir de l'île, et résolut d'aller lui-même chercher des nouvelles d'Astarté. « Car, disait-il, si je reste dans Serendib, les bonzes me feront
100 empaler ; mais où aller ? Je serai esclave en Égypte, brûlé, selon toutes les apparences, en Arabie, étranglé à Babylone. Cependant il faut savoir ce qu'Astarté est devenue : partons, et voyons à quoi me réserve ma triste destinée. »

C'est ici que finit le manuscrit qu'on a retrouvé de l'histoire de Zadig.
105 *Ces deux chapitres doivent être certainement placés après le douzième, et avant l'arrivée de Zadig en Syrie. On sait qu'il a essuyé bien d'autres aventures qui ont été fidèlement écrites. On prie messieurs les interprètes des langues orientales de les communiquer, si elles parviennent jusqu'à eux.*[1]

note

| **1.** Note de Voltaire.

Itinéraire de Zadig

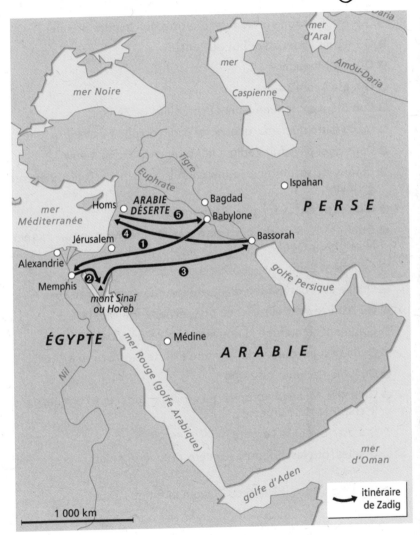

Test de première lecture

❶ Qui est le borgne désigné par le titre du chapitre premier ?

❷ Où réside Zadig au début du conte ?

❸ Qui est Moabdar ?

❹ Qui est Azora ?

❺ Comment se nomme l'ami et conseiller de Zadig ?

❻ Au chapitre huitième, quel poste Zadig occupe-t-il avant sa fuite ?

❼ Dans quel pays fuit Zadig à la fin du chapitre huitième ?

❽ Comment se nomme le marchand qui achète Zadig, devenu esclave ?

❾ D'où provient la fortune d'Arbograd ?

❿ Quel est le remède préconisé par les médecins pour soigner le seigneur Ogul ?

⓫ Comment Zadig soigne-t-il le seigneur Ogul ?

⓬ Quelle est l'occupation d'Astarté lorsque Zadig la retrouve ?

⓭ Où Astarté s'est-elle cachée pour échapper à Moabdar ?

⓮ Comment se nomme la nouvelle épouse de Moabdar ?

⓯ Quelle est la couleur de l'armure offerte par Astarté à Zadig ?

⓰ Qui vole l'armure de Zadig ?

⓱ Qu'arrive-t-il au philosophe qui accueille Zadig et à l'ermite, dans le chapitre dix-huitième ?

⓲ Qui est en réalité l'ermite ?

⓳ Quelles sont les réponses aux deux premières énigmes posées par les mages ?

⓴ Quel est le statut social de Zadig à la fin du conte ?

L'étude
de l'œuvre

Quelques notions de base

En préliminaire : quelques renseignements sur le genre littéraire

---

Comment un conte traditionnel est-il construit ?

Le conte est un genre littéraire dont la composition répond à des règles bien définies. On peut créer différentes formes de contes, mais toutes ont leur origine dans le conte traditionnel.

Le conte traditionnel se caractérise par les traits suivants :

- Une formule ou une expression qui sert de signal de départ à l'histoire : « Il était une fois ».
- Un cadre merveilleux.
- Un héros qui sert de fil conducteur.
- Des personnages secondaires, souvent merveilleux, qui se définissent par leur fonction.
- Un récit comprenant une situation initiale* et un événement perturbateur, des péripéties* et une situation finale.

Zadig, une œuvre hybride*

En quoi Zadig diffère-t-il du conte traditionnel ?

Les sources d'inspiration de *Zadig* sont multiples. Lorsque Voltaire écrit *Zadig*, il connaît les contes traditionnels français, mais aussi les contes orientaux, dont celui des *Mille et une nuits*. S'inspirant du

*: *Cf.* Glossaire

conte oriental, il situe son intrigue en des lieux exotiques et merveilleux. Pour composer *Zadig*, Voltaire reprend les archétypes* connus du lecteur : un roi, une reine et l'amour impossible. En recourant au conte oriental, Voltaire s'autorise toutes les libertés, comme l'illustrent les exemples de Moabdar, qui demande la mort de Zadig, ou bien d'Almona, qui s'offre tout entière aux pontifes pour obtenir la grâce de Zadig. Comme les œuvres inspirées de l'Orient sont souvent fantaisistes – *Le bourgeois gentilhomme* de Molière en est un exemple –, Voltaire a recours à des procédés comiques que le lecteur d'aujourd'hui n'arrive pas à apprécier à cause des références à l'époque. Par exemple, le nom de l'archimage, *Yébor*, est une anagramme de *Boyer*, évêque que détestait Voltaire.

Dans son conte, Voltaire ne s'intéresse pas uniquement à ce que la veine orientale peut lui fournir. Pour imaginer les aventures de son héros, il reproduit aussi les archétypes du conte traditionnel occidental. Zadig présente toutes les qualités possibles : il est « jeune », « riche », doué de « beaucoup d'esprit » et d'« un beau naturel fortifié par de l'éducation ». Ensuite, le conte s'ouvre sur une formule (« il y avait »), situant le récit dans un univers imaginaire traditionnel et un lieu mythique (Babylone), à une époque inconnue (« au temps du roi Moabdar »). De plus, la fin du conte renoue avec la tradition médiévale des tournois, utilisant les couleurs comme symboles (le gagnant est vêtu de blanc) et le dénouement attendu (Zadig remporte le tournoi, épouse Astarté et devient le roi). Finalement, le merveilleux classique est figuré par l'ermite, qui se transforme en ange.

Sont évoqués par Voltaire le roman courtois, avec le tournoi et la femme idéalisée, et le roman sentimental, où la passion amoureuse est exacerbée et occupe entièrement l'esprit des personnages, comme Astarté qui trace le nom de Zadig sur le « sable fin ». *Zadig* emprunte aussi des éléments au roman d'apprentissage dans la mesure où le héros fait l'expérience de la vie, en surmontant des obstacles et en faisant l'application des principes à la réalité. On voit donc Zadig évoluer au cours du récit jusqu'à ce qu'il mérite de devenir roi. Finalement, Voltaire propose un conte qui emprunte à la parodie* en brouillant les pistes, ce qui lui permet de créer

* : *Cf.* Glossaire

la distance suffisante pour exercer son esprit critique. Les rebondissements sont nombreux et les exagérations telles – comme les retrouvailles de Zadig et d'Astarté – que le lecteur ne peut s'empêcher de sourire. Si le monde représenté est doté de certains attributs du récit merveilleux, le héros, par contre, ne cesse de paraître vraisemblable aux yeux du lecteur.

Voltaire propose une structure ponctuée de rebondissements exprimant les aléas du destin. En effet, la structure en spirale illustre la destinée incertaine des personnages du conte. Le parcours du héros reprend cette incohérence apparente de la vie; le principe de la surprise régit la composition et la dynamique du conte. Quant à la structure narrative, les dénouements des chapitres se répondent les uns les autres ou jouent un rôle prémonitoire, contribuant à assurer la cohésion du texte. Ce réseau de résonances augmente la cohésion du récit.

Le parcours en spirale apparaît clair à la toute fin. Au début, Zadig quitte une situation enviable (une union avec Sémire) pour épouser Astarté (existe-t-il meilleur parti?) et devenir roi (peut-on concevoir meilleure situation sociale?). Le désordre des péripéties acquiert une signification plus évidente au moment où Jesrad surgit pour voir dans le futur. Il est plus que probable que le lecteur sympathisera avec Zadig et souffrira avec lui des injustices subies le long de son parcours. Jesrad, qui n'apparaît que pour disparaître, peine à convaincre. Chaque chapitre introduit de nouveaux personnages et déploie de nouvelles «destinées». Ces récits élargissent la réflexion du lecteur sur la question de l'existence.

Enfin, il faut souligner que le titre de l'œuvre invite le lecteur à prendre conscience du caractère novateur de ce qu'il va lire. Voltaire invente un genre, le conte philosophique, dont les caractéristiques pourraient se résumer de la façon suivante:

- les personnages ont pour fonction de servir une argumentation*;
- le dialogue est omniprésent, la structure peut paraître indéfinie à cause des nombreuses digressions;
- les œuvres sont parfois inachevées, comme ouvertes sur de multiples possibles.

*: Cf. Glossaire

Quelques notions de base

Le titre associe le nom du personnage principal, Zadig, à une notion abstraite, la Destinée. Le conte aura donc une double mission : décrire les péripéties du héros et exposer une certaine vision du monde. Le lecteur du XVIIIe siècle voyait dans *Zadig* une critique des institutions françaises et de la monarchie absolue, dominées par l'aristocratie et les courtisans. Pour le lecteur du XXIe siècle, en particulier l'étudiant québécois, cette œuvre est davantage une illustration de l'optimisme puisque chaque aventure du héros nous invite à déduire qu'à travers les épreuves, le bonheur terrestre est possible.

- **Œuvre hybride, qui emprunte à plusieurs genres ses caractéristiques.** *Zadig* ne peut être enfermé dans un seul genre littéraire.
- **Un conte traditionnel.** La construction du récit de *Zadig* suit celle du conte traditionnel : situation initiale, élément perturbateur, péripéties, situation finale.
- **Un conte philosophique.** Les personnages sont au service d'une argumentation.
- **Une structure en spirale.** Afin de reproduire les aléas de la vie, la structure de *Zadig* est décousue.
- **Une parodie.** Voltaire reprend les archétypes du conte pour les parodier, les retoucher et asséner sa critique.

À retenir

L'étude du conte
en s'appuyant
sur des extraits

Zadig, le conte

Étape préparatoire à l'analyse ou à la dissertation : compréhension du passage en tenant compte du contexte

❶ Le chapitre est construit sur une suite de trois anecdotes. Résumez chacune d'elles et formulez en vos mots la leçon de morale de Zadig à son épouse.

❷ Dans le chapitre second, la progression dynamique repose sur une répétition qui donne l'impression d'une boucle. Les réponses aux questions suivantes rendront plus explicite la composition de ce chapitre :

   a) Relevez les références au temps qui font progresser le récit.

   b) Expliquez l'importance de la phrase qui clôt le premier paragraphe : « Azora se répandit en des invectives si longues, éclata en reproches si violents contre la jeune veuve, que ce faste de vertu ne plut pas à Zadig. »

   c) En quoi le dénouement illustre-t-il un retournement de situation ?

   d) Montrez que les anecdotes sont ici au service d'une argumentation.

❸ Le comique est au cœur de ce chapitre. Les réponses aux questions suivantes vous permettront de mieux comprendre cette dimension :

   a) Parmi les suivants, quels sont les moyens utilisés par Voltaire pour faire rire son lecteur ? Expliquez et justifiez vos choix.

      a. Invraisemblance des faits rapportés.

      b. Présence d'un bouffon.

      c. Jeux de répétition et d'énumération.

d. Stratagèmes dans le but de démasquer.

e. Quiproquo*.

b) En quoi la surprise est-elle un élément du comique ?

c) En analysant le personnage d'Azora, montrez que ses émotions participent du comique.

d) Azora et Zadig réagissent-ils différemment à l'histoire de la veuve Cosrou ?

e) Montrez que Voltaire utilise une ponctuation expressive pour faire ressortir le comique.

❹ Êtes-vous d'accord avec les affirmations suivantes (et justifiez vos choix) ?

a) Voltaire a voulu donner une finalité didactique à ce chapitre.

b) Dans ce chapitre, Voltaire porte sur les femmes un regard misogyne*.

c) Voltaire dénonce les don Juan.

d) Voltaire prône la tolérance.

❺ Analysez la conception des personnages dans ce passage : Voltaire décrit-il leur physique ou leur caractère, leur attribue-t-il des rôles spécifiques, oblige-t-il le lecteur à effectuer ses propres déductions, etc. ?

❻ On a reproché à Voltaire la structure relâchée de *Zadig* et l'absence de lien entre les chapitres. En vous appuyant notamment sur cet extrait, discutez cette affirmation.

.... **Vers la rédaction** ....

❼ Suivez les étapes proposées dans le but de rédiger une introduction qui conviendrait au sujet suivant :

« En vous reportant à la théorie sur le conte, montrez que le chapitre second illustre les caractéristiques de ce type de récit. »

a) Parmi les formulations suivantes, choisissez celle qui pourrait le mieux convenir au « sujet amené » :

a. Voltaire s'inspire de plusieurs genres pour écrire *Zadig*.

* : *Cf.* Glossaire

b. C'est en réaction aux agissements de la cour de Versailles que Voltaire publie *Zadig* en 1747.

c. Le conte n'est pas un genre reconnu au XVIIIe siècle.

d. Au cours de sa vie, Voltaire a énormément voyagé, soit pour fuir le danger soit parce qu'il a été forcé à l'exil.

b) Parmi les formulations suivantes, dégagez les trois caractéristiques les plus significatives qui vous inspireront pour rédiger le « sujet divisé » :

a. Les personnages se définissent par leur fonction.

b. Zadig vit de nombreuses péripéties dans plusieurs pays.

c. Le cadre spatio-temporel rappelle celui des contes orientaux.

d. Le merveilleux s'observe dans plusieurs éléments.

e. Les malheurs des personnages ne font qu'illustrer l'incapacité de l'homme à voir le dessein divin.

c) Rédigez votre introduction en utilisant vos réponses précédentes de façon pertinente et en complétant le tout pour qu'on y trouve les articulations suivantes : le « sujet amené », le « sujet posé » (accompagné d'une courte présentation du conte et de la place de l'extrait dans l'œuvre) et le « sujet divisé ».

❽ Dans le chapitre second, Zadig est déçu par Azora. Montrez que ce chapitre est centré sur le thème de l'inconstance féminine.

❾ Dans le chapitre second, Voltaire critique la superstition et la vertu. Pour élaborer votre développement :

a) Formulez en ouverture la phrase-clé qui présente l'idée principale du paragraphe.

b) Présentez deux ou trois idées secondaires.

c) Illustrez le tout par des citations et des exemples.

d) Fermez le paragraphe par une phrase de clôture ou par une phrase de transition, au choix.

⑩ Retenez un des trois sujets précédents (questions 7, 8 et 9) pour réaliser une rédaction complète.

⑪ Au moment de la révision, prévoyez des étapes successives :

    a) Une première révision qui concerne le sens.

    b) Une deuxième révision d'ordre orthographique et grammatical.

    c) Et si possible, une dernière révision qui part de la fin du texte en remontant vers le début.

❶ a) En ce qui a trait à la structure : dans une perspective d'argumentation logique, Voltaire aime jouer avec des effets de structure. Démontrez-le en répondant aux sous-questions suivantes :

   a. Comment le chapitre troisième est-il relié aux chapitres précédents et au chapitre suivant ?

   b. En quoi ce chapitre est-il lié au projet d'ensemble du conte ?

   c. Ce chapitre est-il composé sur une ou des structures en parallèle ? Démontrez-le.

   d. En quoi le dernier paragraphe fait-il figure de message philosophique ?

b) En ce qui a trait à la littérature policière : l'originalité du chapitre troisième réside dans ses ressemblances avec ce qui sera, à la toute fin du XIXe siècle, la littérature policière. Prouvez-le en répondant aux sous-questions suivantes :

   a. Les personnages de la littérature policière assument des fonctions et des rôles précis (enquêteur, victime, suspect, etc.). Quels personnages de la littérature policière rencontre-t-on ici ?

   b. Dans quelle mesure la progression du chapitre s'apparente-t-elle à celle d'un récit policier ?

   c. L'enquête qui se fonde sur des indices est aussi un élément obligé du roman policier. Identifiez ces indices dans le discours de Zadig.

   d. Quelles sont les différentes étapes du raisonnement (voir les lignes 58 à 93) ?

c) En ce qui a trait au conte oriental : établissez ses caractéristiques en répondant aux sous-questions suivantes :

   a. À quelle époque et en quels lieux se déroule l'histoire ?

   b. Les personnages principaux et secondaires sont teintés d'exotisme. Décrivez-les.

   c. Voltaire utilise de nombreux termes étrangers. Relevez-les.

d) Démontrez que ce chapitre présente les caractéristiques du conte philosophique, en répondant aux sous-questions suivantes :

   a. Montrez en quoi Zadig s'apparente au modèle du philosophe des Lumières.

   b. Montrez que les anecdotes sont au service de la raison plutôt que de la fantaisie.

   c. Quelles sont les idées que Voltaire cherche ici à pourfendre ?

   d. Relevez des passages où Voltaire ironise, l'ironie étant ici au service de son raisonnement.

e) Dans ce chapitre, Zadig est bien malgré lui une victime de la loi. Relevez les éléments du texte qui relatent l'aspect arbitraire de la justice.

.... **Vers la rédaction** ....

❷ En vous appuyant sur ce chapitre, montrez que le conte *Zadig* adopte parfois l'allure d'un roman policier.

❶ Énumérez de six à huit éléments constitutifs du récit. Faites aussi un relevé des personnages qui participent à l'action en résumant leur rôle en quelques mots.

❷ Faites un portrait de la reine Astarté. Ce portrait vous semble-t-il reposer sur une conception nuancée ou, au contraire, plutôt stéréotypée de la femme ?

❸ La description que fait Voltaire de l'évolution du sentiment amoureux vous paraît-elle crédible ?

❹ Par quels moyens Voltaire ridiculise-t-il la jalousie du roi ?

❺ Ce chapitre est une parodie.

    a) Relevez les hyperboles* et expliquez en quoi cette figure de style est à relier à la parodie.

    b) Relevez les comparaisons et les métaphores qui amènent l'intensité dramatique.

❻ Ce chapitre ressemble à un retour à la case « départ ».

    a) Montrez que ce chapitre illustre un revirement brusque dans la destinée du héros.

    b) Quel lien peut-on établir entre le premier et le dernier paragraphe de l'épisode ?

❼ Ce chapitre vous paraît-il illustrer une vision optimiste ou pessimiste de la destinée humaine ? Répondez en tenant compte des sous-questions suivantes :

    a) Les qualités du héros vous semblent-elles récompensées ?

    b) Les dernières phrases du texte présentent-elles un réseau de mots positifs ou négatifs ? Illustrez votre réponse.

    c) De quelle nature est la leçon que Voltaire vous invite à tirer du conte ?

* : *Cf.* Glossaire

8 La condamnation à mort de Zadig et Astarté par Moabdar est motivée par la jalousie plutôt que par l'esprit éclairé de ce dernier.

a) Les preuves amassées par Moabdar sont-elles solides ?

b) Peut-on établir qu'il y a eu crime ?

c) Le comportement des condamnés justifie-t-il la sentence de mort ?

d) Dans ce chapitre, expliquez en quoi l'exercice du pouvoir devient tyrannie lorsqu'il est motivé par des émotions.

.... **Vers la rédaction** ....

9 Par rapport au thème de l'amour, montrez que Voltaire conserve son regard de philosophe, à la fois ironique et didactique.

Questionnaire sur le texte de Voltaire
➠ Référez-vous au questionnaire précédent.

Montesquieu, *Lettres persanes*, 1721

En 1713, à la fin du règne de Louis XIV alors âgé de 75 ans, le Persan Usbek, en visite à Paris, écrit à son ami Ibben resté à Smyrne pour lui faire part de ses observations concernant le roi de France. Mais la lettre est fictive et les ficelles de cette fiction épistolaire sont tenues par Montesquieu qui écrit ses *Lettres persanes* en 1721, après le décès de Louis XIV, sous la Régence. Ainsi, derrière le portrait du Roi-Soleil peint par un Persan étonné transparaît une critique argumentée de la monarchie absolue.

USBEK À IBBEN

À SMYRNE

Le roi de France est vieux. Nous n'avons point d'exemple dans nos histoires d'un monarque qui ait si longtemps régné. On dit qu'il possède à un très haut degré le talent de se faire obéir : il gouverne avec le même génie sa famille, sa Cour, son État. On lui a souvent entendu dire que, de tous les gouvernements du monde, celui des Turcs, ou celui de notre auguste sultan, lui plairait le mieux, tant il fait cas de la politique orientale.

J'ai étudié son caractère, et j'y ai trouvé des contradictions qu'il m'est impossible de résoudre. Par exemple : il a un ministre qui n'a que dix-huit ans, et une maîtresse qui en a quatre-vingts ; il aime sa religion, et il ne peut souffrir ceux qui disent qu'il la faut observer à la rigueur ; quoiqu'il fuie le tumulte des villes, et qu'il se communique peu, il n'est occupé, depuis le matin jusqu'au soir, qu'à faire parler de lui ; il aime les trophées et les victoires, mais il craint autant de voir un bon général à la tête de ses troupes, qu'il aurait sujet de le craindre à la tête d'une armée ennemie. Il n'est, je crois, jamais arrivé qu'à lui d'être, en même temps, comblé de plus de richesses qu'un prince n'en saurait espérer, et accablé d'une pauvreté qu'un particulier ne pourrait soutenir.

Il aime à gratifier ceux qui le servent ; mais il paye aussi libéralement les assiduités, ou plutôt l'oisiveté de ses courtisans, que les campagnes laborieuses de ses capitaines. Souvent il préfère un homme qui le déshabille, ou qui lui donne la serviette lorsqu'il se met à table, à un autre qui lui prend des villes ou lui gagne des batailles. Il ne croit pas que la grandeur souveraine doive être gênée dans la distribution des grâces, et, sans examiner si celui qu'il comble de biens est homme de mérite, il croit que son choix va le rendre tel: aussi lui a-t-on vu donner une petite pension à un homme qui avait fui deux lieues, et un beau gouvernement à un autre qui en avait fui quatre.

Il est magnifique, surtout dans ses bâtiments: il y a plus de statues dans les jardins de son palais que de citoyens dans une grande ville. Sa garde est aussi forte que celle du prince devant qui tous les trônes se renversent. Ses armées sont aussi nombreuses; ses ressources, aussi grandes; et ses finances, aussi inépuisables.

De Paris, le 7 de la lune de Maharram, 1713.

Montesquieu, *Lettres persanes*, lettre XXXVII, 1721.

Questionnaire sur le texte de Montesquieu

❶ Faites l'analyse des marques du genre épistolaire.

❷ Relevez les oppositions dans le deuxième paragraphe.

❸ Quelles sont les marques de l'opposition dans ce texte?

❹ En quoi le premier et le dernier paragraphe se différencient-ils de la partie centrale du texte?

Denis Diderot, *Encyclopédie*, 1751

L'*Encyclopédie*, conduite par Diderot et d'Alembert, commence à paraître en 1751. Conçue pour rassembler toutes les connaissances du siècle des Lumières, elle voit se côtoyer des articles scientifiques et des réflexions philosophiques telle celle que présente Diderot.

AUTORITÉ POLITIQUE. – Aucun homme n'a reçu de la nature le droit de commander aux autres. La liberté est un présent du Ciel, et chaque individu de la même espèce a le droit d'en jouir aussitôt qu'il jouit de la raison. Si la nature a établi quelque *autorité*, c'est la puissance paternelle: mais la puissance paternelle a ses bornes, et dans l'état de nature elle finirait aussitôt que les enfants seraient en état de se conduire. Toute autre *autorité* vient d'une autre origine que de la nature. Qu'on examine bien, et on la fera toujours remonter à l'une de ces deux sources: ou la force et la violence de celui qui s'en est emparé, ou le consentement de ceux qui s'y sont soumis par un contrat fait ou supposé entre eux et celui à qui ils ont déféré *l'autorité*.

La puissance qui s'acquiert par la violence n'est qu'une usurpation, et ne dure qu'autant que la force de celui qui commande l'emporte sur celle de ceux qui obéissent ; en sorte que, si ces derniers deviennent à leur tour les plus forts et qu'ils secouent le joug, ils le font avec autant de droit et de justice que l'autre qui le leur avait imposé. La même loi qui a fait *l'autorité* la défait alors : c'est la loi du plus fort.

Quelquefois *l'autorité* qui s'établit par la violence change de nature, c'est lorsqu'elle continue et se maintient du consentement exprès de ceux qu'on a soumis ; mais elle rentre par là dans la seconde espèce dont je vais parler ; et celui qui se l'était arrogée[1], devenant alors prince, cesse d'être tyran.

La puissance qui vient du consentement des peuples suppose nécessairement des conditions qui en rendent l'usage légitime, utile à la société, avantageux à la république, et qui la fixent et la restreignent entre des limites : car l'homme ne doit ni ne peut se donner entièrement et sans réserve à un autre homme, parce qu'il a un maître supérieur au-dessus de tout, à qui seul il appartient tout entier. C'est Dieu, dont le pouvoir est toujours immédiat sur la créature, maître aussi jaloux qu'absolu, qui ne perd jamais de Ses droits, et ne les communique point. Il permet, pour le bien commun et pour le maintien de la société, que les hommes établissent entre eux un ordre de subordination, qu'ils obéissent à l'un d'eux : mais Il veut que ce soit par raison et avec mesure, et non pas aveuglément et sans réserve, afin que la créature ne s'arroge pas les droits du Créateur. Toute autre soumission est le véritable crime d'idolâtrie.

Denis Diderot, article « Autorité politique », in Encyclopédie, 1751-1772.

1. arrogée : appropriée.

Questionnaire sur le texte de Diderot

❶ Faites le plan des idées du texte.

❷ En vous référant à la pensée de Diderot, peut-on imaginer qu'il existe un pouvoir positif ?

❸ En vous référant au texte de Diderot, jugez si le pouvoir est une bonne ou une mauvaise chose.

❹ Quelles sont les caractéristiques de l'essai perceptibles dans ce texte ?

Jean-Paul Sartre, *Situations II*, 1948

Jean-Paul Sartre réfléchit sur l'engagement social et politique de l'écrivain.

Il faut peu d'années pour qu'un livre devienne un fait social qu'on interroge comme une institution ou qu'on fait entrer comme une chose dans les statistiques; il faut peu de recul pour qu'il se confonde avec l'ameublement d'une époque, avec ses habits, ses chapeaux, ses moyens de transport et son alimentation. L'historien dira de nous: «Ils mangeaient ceci, ils lisaient cela, ils se vêtaient ainsi.» Les premiers chemins de fer, le choléra, la révolte des canuts, les romans de Balzac, l'essor de l'industrie concourent également à caractériser la monarchie de Juillet. Tout cela, on l'a dit et répété, depuis Hegel[1], nous voulons en tirer des conclusions pratiques. Puisque l'écrivain n'a aucun moyen de s'évader, nous voulons qu'il embrasse étroitement son époque; elle est sa chance unique; elle est faite pour lui et il est fait pour elle. On regrette l'indifférence de Balzac devant les journées de 48, l'incompréhension apeurée de Flaubert en face de la Commune[2]; on les regrette pour eux: il y a là quelque chose qu'ils ont manqué pour toujours. Nous ne voulons rien manquer de notre temps: peut-être en est-il de plus beaux, mais c'est le nôtre; nous n'avons que cette vie à vivre, au milieu de cette guerre, de cette révolution peut-être. Qu'on n'aille pas conclure de là que nous prêchions une sorte de populisme: c'est tout le contraire. Le populisme est un enfant de vieux, le triste rejeton des derniers réalistes; c'est encore un essai pour tirer son épingle du jeu. Nous sommes convaincus, au contraire, qu'on ne peut pas tirer son épingle du jeu. Serions-nous muets et cois comme des cailloux, notre passivité serait une action. Celui qui consacrerait sa vie à faire des romans sur les Hittites, son abstention serait par elle-même une prise de position. L'écrivain est en situation dans son époque: chaque parole a des retentissements. Chaque silence aussi. Je tiens Flaubert et Goncourt pour responsables de la répression qui suivit la Commune parce qu'ils n'ont pas écrit une ligne pour l'empêcher. Ce n'était pas leur affaire, dira-t-on. Mais le procès de Calas, était-ce l'affaire de Voltaire? La condamnation de Dreyfus, était-ce l'affaire de Zola? L'administration du Congo, était-ce l'affaire de Gide? Chacun de ces auteurs, en une circonstance particulière de sa vie, a mesuré sa responsabilité d'écrivain. L'Occupation nous a appris la nôtre. Puisque nous agissons sur notre temps par notre existence même, nous décidons que cette action sera volontaire.

Jean-Paul Sartre, *Situations II* © Éditions Gallimard, 1948.

1. **Hegel**: philosophe allemand (1770-1831).
2. **Commune**: révolte du peuple de Paris qui fut durement réprimée (mars-mai 1871).

Questionnaire sur le texte de Sartre

❶ Quelle est la principale thèse de Sartre dans ce texte ?

❷ Quelles fonctions le livre remplit-il dans la société ?

❸ Selon vous, Sartre met-il trop de responsabilités sur les épaules des écrivains ?

.... **Vers la rédaction – Analyse croisée** ....

Questions préliminaires :

❶ Quelles sont les personnes qui exercent le pouvoir dans ces extraits ?

❷ Dans ces extraits, déterminez qui sont les gens qui subissent le pouvoir.

❸ Parle-t-on du même type de pouvoir dans les trois extraits ?

Sujet :

Faites le plan de rédaction du sujet suivant :

• **L'homme de pouvoir est jugé sur sa façon de l'exercer. Exposez les raisons qui expliquent cette situation.**

Voltaire, Zadig, chapitre seizième
Extrait, pages 110 à 116, lignes 1 à 180

❶ Dans *Zadig*, la quête amoureuse et les nombreuses péripéties qui en découlent inscrivent ce conte dans la tradition de l'amour courtois, héritée du Moyen Âge, qui idéalise la femme. Au travers du conte oriental s'observe l'expression de cet idéal amoureux. Dans les lignes 1 à 61 :

    a) Identifiez les éléments du récit (lieu, temps et narration).

    b) Relevez les éléments qui appartiennent au registre* du merveilleux.

    c) Quels éléments donnent au conte sa coloration orientale ?

❷ Voltaire s'amuse à parodier le genre sentimental (l. 1 à 61).

    a) Comment l'héroïne se distingue-t-elle des autres femmes ?

    b) Montrez que Zadig se comporte ici en héros romanesque.

    c) Quelles sont les diverses manifestations du sentiment amoureux ?

    d) Quel rôle jouent les hyperboles dans cet extrait ?

    e) Relevez les autres marques de la parodie.

❸ Le chapitre seizième amorce le dénouement et pose la question de la destinée.

    a) En quoi cet extrait constitue-t-il une péripétie qui annonce le dénouement ?

    b) On trouve plusieurs références au destin. Quelle est leur fonction dans le texte ?

    c) Montrez que la conception du bonheur est ambiguë.

❹ Dans le récit qu'elle fait de ses malheurs (l. 62 à 180), Astarté traite directement du thème du pouvoir.

    a) Si Moabdar exerce un pouvoir tyrannique au début de ce récit, c'est une tout autre chose à la fin. Expliquez les raisons de ce changement.

    b) Quels sont les attributs de Missouf en lien avec le pouvoir ?

         * : Cf. Glossaire

❶ Le dernier chapitre de *Zadig* est fidèle au registre d'ensemble du conte, notamment grâce au personnage comique d'Itobad.

a) Énumérez de six à huit événements constitutifs du récit. Faites aussi un relevé des personnages qui participent à l'action en résumant leur rôle en quelques mots.

b) En quoi cette organisation met-elle en valeur la place de Zadig ?

c) Relevez quelques passages du texte qui contribuent à son caractère comique et expliquez votre choix.

d) En quoi ce chapitre illustre-t-il aussi des traits du roman policier ?

❷ Le dernier chapitre porte la leçon philosophique du conte, aussi ambiguë soit-elle.

a) Malgré le fait que ce chapitre ne soit pas le dernier du conte, pourquoi est-on porté à le considérer comme son dénouement (dans le sens où il dénoue le nœud du problème) ?

b) Expliquez ce qui fait que ce dénouement s'apparente à celui d'une comédie.

c) À quelles marques peut-on identifier la parodie dans ce chapitre ?

d) Quelle explication peut-on donner relativement au titre du chapitre ?

e) Quelles sont les leçons à tirer de ce conte à la lecture de ce chapitre ?

.... **Vers la rédaction** ....

❸ Justifiez le titre du chapitre.

❹ Formulez en vos mots les leçons à tirer de ce chapitre et, plus généralement, du conte en entier.

❺ À la suite de la lecture de ce chapitre, peut-on déduire quels seraient, aux yeux de Voltaire, les attributs d'un bon roi ?

❻ Peut-on dire que ce chapitre confirme la tendance de Voltaire (ou des hommes de son époque) à la misogynie ? Nuancez votre réponse.

❼ En vous appuyant sur ce chapitre, est-il juste d'affirmer qu'en Zadig se combinent à la fois les valeurs courtoises du chevalier médiéval et celles du philosophe des Lumières ?

Toutes ces questions devraient entraîner des réponses sous forme de paragraphes bien articulés.

L'étude de l'œuvre dans une démarche plus globale

La démarche proposée ici peut précéder ou suivre l'analyse par extrait. Elle entraîne une connaissance plus synthétique de l'œuvre, et met l'accent sur la compréhension du récit complet. Les deux démarches peuvent être exclusives ou complémentaires.

Pour chaque chapitre, adoptez une démarche d'analyse qui tienne compte des composantes du conte, soit :

a) l'intrigue ;

b) les personnages ;

c) la thématique ;

d) l'organisation, le style et la tonalité du conte.

Intrigue

❶ Faites le résumé d'un ou de plusieurs chapitres, en tenant compte des réponses aux questions suivantes :

a) **Qui ?** Quels sont les personnages présents ?

b) **Quoi ?** Qu'apprend-on sur eux ? Que font-ils ? Quel est l'état de leurs relations ?

c) **Quand et où ?** Quelle est la situation exposée et dans quel contexte ?

d) **Comment ?** Quelles relations s'établissent entre les personnages ?

e) **Pourquoi ?** Quel est l'objet de leur quête ? Quels moyens prennent-ils pour atteindre leur but ?

Personnages

Les personnages principaux

❶ Au fil du conte, comment les personnages principaux évoluent-ils, soit Zadig, Astarté et Moabdar ? Quel portrait peut-on faire d'eux ?

Pour répondre à ces deux questions, suivez la démarche proposée ci-dessous :

a) Faites la description de Zadig, Astarté et Moabdar en vous référant aux aspects suivants :

    a. l'aspect physique,

    b. l'aspect psychologique,

    c. leurs valeurs (associées à leur situation sociale),

    d. leurs croyances générales.

b) Et en tenant compte, sur plusieurs chapitres, des questions suivantes :

    a. Que pense chacun d'eux ?

    b. Que disent-ils ?

    c. Que font-ils ?

d. Où se situent-ils les uns par rapport aux autres et quels sont leurs liens avec les autres personnages (donc tout ce qui concerne l'aspect dynamique de leurs relations) ?

e. Dans quelle direction évoluent-ils ? Quelles sont les étapes marquantes de cette évolution ?

❷ Dans la conception de chaque personnage, quel semble être l'effet recherché sur le lecteur ?

Pour répondre à cette question, tenez compte de la démarche suivante :

a) Quels personnages choisit Voltaire comme véhicules de son esprit critique ? Justifiez vos choix.

b) Comment ce type de pensée contribue-t-il à nous faire réfléchir ? Justifiez votre réponse en vous appuyant notamment sur des scènes précises.

Les personnages secondaires

❶ Au fil de son conte, quel rôle Voltaire attribue-t-il à chacun des personnages secondaires, soit :

a) Sémire, Orcan, Azora, Cador, Arimaze, Missouf, Sétoc, Almona, Argobad, Jesrad, Itobad ?

b) Quelles valeurs chacun des personnages véhicule-t-il ? Justifiez votre réponse à l'aide de citations et d'exemples.

c) Quel(s) effet(s) produit chaque personnage du conte sur le lecteur ? Tenez compte des possibilités suivantes et justifiez votre réponse :

a. le rire,

b. la colère,

c. la compassion,

d. l'admiration,

e. le respect ou l'indifférence.

Thématique

❶ Parmi les éléments suivants, dégagez les réseaux thématiques qui dominent dans le conte et ciblez les chapitres qui les illustrent le mieux :

    a) vérité et mensonge,

    b) amour et jalousie,

    c) exil et voyage,

    d) liberté et esclavage,

    e) dogme et raison,

    f) fatalisme et destinée,

    g) justice et arbitraire,

    h) fatalisme et liberté.

Organisation du conte, style et tonalité

❶ Identifiez les chapitres qui correspondent aux étapes suivantes du récit :

    a) Situation initiale et élément perturbateur.

    b) Péripéties.

    c) Situation finale.

    d) Montrez que les chapitres de la fin dérogent à cette organisation.

❷ Analysez le mode de composition de *Zadig* en tenant compte des aspects suivants :

    a) La multiplication : les raisons pour lesquelles Voltaire a choisi de multiplier les péripéties.

b) La juxtaposition : le fait que le récit fonctionne sur le mode de la juxtaposition, c'est-à-dire qu'il n'y a pas de lien véritable entre les péripéties.

c) La progression : les raisons pour lesquelles il y a aussi une progression dans certaines péripéties, soulignant à la fois la continuité et le changement chez les personnages.

❸ Par rapport à la situation finale, peut-on dire :

a) Qu'elle clôt définitivement l'œuvre ?

b) Qu'elle est atypique relativement au conte traditionnel ?

c) Qu'elle fait écho à la situation initiale ?

❹ En ce qui a trait au ton, *Zadig* échappe à toute classification. Analysez les différents tons utilisés par l'auteur :

a) ton réaliste ou neutre,

b) ton ironique,

c) ton didactique.

Sujets d'analyse et de dissertation

Plusieurs pistes d'analyse portant sur l'œuvre complète sont maintenant accessibles, et certaines plus faciles à emprunter que d'autres. Pour favoriser votre progression vers le plan, les premiers sujets ont été partiellement planifiés (comme suggestion d'exercices : compléter ou détailler ces plans) ; en revanche, les derniers sujets laissent toute la place à l'initiative personnelle.

❶ **En vous référant à l'œuvre entière, montrez que Voltaire se fait le critique du pouvoir.**

Introduction :

Sujet amené : puisez une idée dans la biographie de Voltaire ou dans le contexte historique du XVIIIᵉ siècle ;

Zadig ou la Destinée

Sujet posé : reformulez le sujet en situant les différents thèmes du conte ;

Sujet divisé : prévoyez un court résumé et annoncez les idées directrices des trois paragraphes du développement.

.... **Développement** ....

- Dans le premier paragraphe, démontrez que ceux qui ont le pouvoir en usent de façon discutable.

- Dans le deuxième paragraphe, démontrez que ceux qui n'ont pas le pouvoir subissent les pires affronts.

- (Facultatif) Dans le troisième paragraphe, montrez que seul Zadig mérite le pouvoir qu'on lui accorde.

.... **Conclusion** ....

- Idée synthèse : voyez à maintenir l'intérêt du lecteur en rapportant les idées essentielles du texte.

- Idée d'ouverture : situez l'œuvre dans le contexte d'aujourd'hui.

❷ **Analysez le personnage de Zadig en faisant ressortir les éléments qui en font un esprit éclairé et ceux qui en font un sentimental.**

Voici quelques sous-questions pour vous aider à dégager les idées directrices :

- Quelles sont les caractéristiques de l'esprit éclairé ? Les trouve-t-on chez Zadig ?

- Quelles sont les péripéties qui mettent en valeur l'intelligence de Zadig ?

- Quelles sont les caractéristiques du sentimental ? Les trouve-t-on chez Zadig ?

- Quelles sont les péripéties qui nous donnent de lui l'image d'un être sentimental ?

❸ Expliquez en quoi Zadig incarne le modèle du philosophe des Lumières.

❹ En vous référant à l'œuvre entière, expliquez cette parole de Jesrad : «mais il n'y a point de hasard : tout est épreuve, ou punition, ou récompense».

❺ Montrez que Voltaire s'inspire de plusieurs genres littéraires pour composer *Zadig*.

❻ Expliquez en quoi le conte *Zadig* est représentatif de son époque tout en étant d'actualité.

❼ Bien qu'il soit incontestable que *Zadig* a une portée universelle, expliquez les difficultés de lecture que peut y rencontrer le lecteur actuel, québécois de surcroît.

❽ En vous référant à l'œuvre entière, expliquez en quoi il peut être périlleux pour un homme de dire la vérité.

❾ Montrez que Voltaire propose dans *Zadig* un portrait typé des hommes et des femmes.

❿ Dans *Zadig*, Voltaire critique les modalités sociales de son époque qui nuisent au bonheur de l'humanité. Expliquez cette affirmation.

Glossaire

Pour étudier le conte : lexique de base et autres termes

Archétype : type qui sert de modèle.

Argumentation : démonstration d'une thèse, d'une opinion ou d'un point de vue à l'aide d'éléments de preuve, aussi appelés arguments.

Autobiographie : genre littéraire où l'auteur et le personnage principal sont les mêmes personnes.

Bastonnade : action de battre quelqu'un à coups de bâton.

Cynique : qui agit avec désinvolture et mépris dans le but de provoquer.

Dénouement : résolution d'une situation nouée par une série de péripéties, moment où l'intrigue s'achève.

Dramatique : relatif au théâtre ; un auteur dramatique (Molière) est un dramaturge, une pièce de théâtre est une œuvre dramatique.

Épicurien : relatif à l'épicurisme, une philosophie qui prône la recherche du plaisir (doctrine du philosophe grec Épicure).

Épistolaire : caractérise ce qui appartient au genre de la correspondance par lettres (éditées en tant qu'œuvres littéraires).

Épopée : poème d'une certaine longueur narrant les exploits d'un héros, souvent teinté de merveilleux.

Exotisme : qui provient d'un autre pays.

Fanatisme : adhésion exaltée à une religion ou à une idéologie.

Hybride : se dit d'une chose constituée d'éléments provenant de plusieurs sources.

Hyperbole : figure de style qui met en relief une idée en recourant à l'exagération.

Ironie : manière de se moquer en disant le contraire de ce que l'on veut faire comprendre.

Misogyne : qui déteste les femmes.

Parasitaire : relatif au parasite, qui vit aux dépens d'autrui.

Parodie : imitation, sur le mode comique, d'un genre ou d'une œuvre.

Péripétie : rebondissement de l'action.

Point de vue : position de l'auteur, du narrateur ou du personnage par rapport à ce qui est présenté dans le texte ; on parle aussi de *focalisation*.

Polémique : qui est relatif aux positions contradictoires, aux disputes, aux querelles.

Protagoniste : personnage principal d'une pièce de théâtre ou, par extension, d'un récit.

Pseudonyme : nom d'emprunt utilisé par un auteur pour ne pas être identifié.

Quiproquo : malentendu qui consiste à prendre une chose ou une personne pour ce qu'elle n'est pas.

Registre : tonalité d'un texte (tragique, lyrique, comique, dramatique…); mode sur lequel est traité le thème.

Situation initiale : situation des personnages principaux au début du récit.

Tragédie : pièce de théâtre mettant en scène des personnages importants, et qui suscite chez le spectateur des émotions vives comme la pitié et la terreur. Elle culmine généralement par la mort d'un des protagonistes*.

Bibliographie, filmographie, adaptation théâtrale

Bibliographie

Quelques ouvrages critiques sur Voltaire et son œuvre

– Pierre-Georges Castex, *Mircomégas, Candide, l'ingénu de Voltaire*, SEDES, 1959.
– Marie-Hélène Dumestre, *Le conte philosophique voltairien*, Hatier, 1995.
– Jean Goldzink, *Voltaire de A. à V.*, Hachette, 1994.
– Pierre Lepape, *Voltaire le conquérant*, Seuil, 1997.
– René Pomeau, *Voltaire par lui-même*, Seuil, 1955.
– Jacques Van Den Heuvel, *Voltaire dans ses contes*, Armand Colin, 1967.

Pour mieux comprendre *Zadig*

– Montesquieu, *Lettres persanes*, 1721 (point de vue naïf et critique sociale).
– Voltaire, *Candide*, 1759 (optimisme et pessimisme, critique).
– Voltaire, *L'ingénu*, 1767 (naïveté et évolution du héros, critique sociale).
– Voltaire, *L'histoire de Jenni*, 1775 (question du Mal).

Pour mieux comprendre le XVIIIe siècle

– Beaumarchais, *Le mariage de Figaro*, 1784 (théâtre).
– Diderot, *Jacques le fataliste et son maître*, 1796 (œuvre narrative écrite vers 1773).
– Milan Kundera, *Jacques et son maître*, Gallimard, 1981 (théâtre, réécriture).

– Marivaux, *Le jeu de l'amour et du hasard*, 1730 (théâtre).
– L'abbé Prévost, *Manon Lescaut*, 1731 (roman d'amour).
– Céline Thérien, *Anthologie de la littérature d'expression française, des origines au romantisme*, tome 1, 2e éd., Les Éditions CEC, 2006.

Filmographie

Zadig
– *Les aventures de Zadig* de Jean-Claude Bonnardot, pour la télévision, 1970.
– *Zadig ou la Destinée* de Jean-Paul Carrère, pour la télévision, 1981.

Pour mieux comprendre le XVIIIe siècle
– *Beaumarchais, l'insolent*, Edouard Molinaro, 1996.
– *Ridicule*, Patrice Leconte, 1996.

Adaptation théâtrale

– *Z comme Zadig*. Texte d'Ariel Ifergan et Anne Millaire, d'après *Zadig ou la Destinée* de Voltaire. Une production de Griffon Théâtre, 2007.

Crédits photographiques